Ich glaube

Arbeitshilfe
zur Firmvorbereitung

Claudia Hofrichter • Elisabeth Färber

Ich glaube

Arbeitshilfe
zur Firmvorbereitung

- *Elf Gruppentreffen*
- *Anregungen zur Taufvorbereitung Jugendlicher*
- *Modelle für Gottesdienste*

Kösel

Die Arbeitshilfe bezieht sich auf:

Ich glaube
Handreichung zur Firmvorbereitung
München (Kösel-Verlag) 2001
ISBN 3-466-36574-0

Ich glaube
Jugendbuch zur Firmvorbereitung
München (Kösel-Verlag) 2001
ISBN 3-466-36573-2

Herausgegeben im Auftrag des Instituts für Fort- und Weiterbildung der Kirchlichen Dienste, Diözese Rottenburg-Stuttgart

ISBN 3-466-36675-5
© 2005 by Kösel-Verlag GmbH & Co., München
Printed in Germany. Alle Rechte vorbehalten
Druck und Bindung: Kösel, Krugzell
Umschlag: Agentur Kosch, München

Gedruckt auf umweltfreundlich hergestelltem Werkdruckpapier
(säurefrei und chlorfrei gebleicht)

Vorwort

Die seit Jahren erfolgreiche und praxisbewährte Handreichung und das Jugendbuch zur Firmvorbereitung »Ich glaube«, Kösel 2001, bekommen Zuwachs. Mit der vorliegenden Arbeitshilfe »Ich glaube« wird ein kompetentes und praktikables Material zur Firmvorbereitung für die Hand der Katechet/innen vorgelegt.

Elf Gruppentreffen mit ausgearbeiteten Verlaufsplänen bauen aufeinander auf und markieren Schritt für Schritt den Weg der Firmvorbereitung. Die Thematik der Gruppentreffen wird in **gottesdienstlichen Feiern**, die von den ehrenamtlichen Mitarbeiter/innen geleitet werden können, aufgegriffen. Damit wird die Zusammengehörigkeit von Katechese und Liturgie, von Glauben entdecken, Glauben leben und Glauben feiern, konkretisiert.

Einen weiteren Akzent bildet die **Taufvorbereitung Jugendlicher**. Die Gruppentreffen und Liturgien sind darauf abgestimmt, dass Jugendliche anlässlich der Firmvorbereitung in der Gemeinde um die Taufe bitten. Ein eigenes Kapitel führt in die Besonderheiten dieser Taufvorbereitung ein.

Ergänzt wird das Material durch Anregungen zu **projektorientierten Phasen** der Firmvorbereitung, die in der **Handreichung** ausführlich beschrieben sind.

Die Handreichung bleibt das Leitmedium. In ihr finden die Verantwortlichen für die Firmvorbereitung sowie die ehrenamtlichen Mitarbeiter/innen ein ausführliches Nachschlagewerk zur Firmvorbereitung. Dort sind die Grundlagen der Firmvorbereitung, verschiedene Konzeptionen, Überlegungen zur Planung und Durchführung des Vorbereitungsweges dargestellt. Wenn Alternativen oder Vertiefungen zu den vorgeschlagenen Gruppentreffen gesucht werden, verweist die Arbeitshilfe auf die inhaltlich und methodisch vielfältigen Bausteine der Handreichung.

Zur umfangreichen Handreichung ist mit dieser kompakten Arbeitshilfe ein Angebot entstanden, das kürzeren Vorbereitungszeiten Rechnung trägt und den vielen ehrenamtlichen Mitarbeiter/innen entgegenkommt, die sich schnell in die Thematik einlesen und einarbeiten wollen.

Wir wünschen allen, die mit der Arbeitshilfe »Ich glaube« arbeiten, Freude mit den Jugendlichen sowie bereichernde Erfahrungen des Geistes Gottes.

Claudia Hofrichter
Elisabeth Färber

Inhalt

Vorwort 5

Kapitel A

Mit der Arbeitshilfe Tauf- und Firmvorbereitung gestalten 11

Der rote Faden des Buches 13
Aufbau der elf Treffen 14
Materialien, die oft benötigt werden 14
Als Firmkatechet/in selbst auf dem Glaubensweg 14
Wenn ich allein nicht weiterkomme 14

Wie Ihnen die Handreichung »Ich glaube« weiterhilft 15
Abkürzungen 15

Kapitel B

Ich glaube
Elf Gruppentreffen 17

Treffen 1
Ich will gefirmt werden
Wir machen uns auf den Weg 19

Treffen 2
Ich glaube
Wenn mein Glaube Hand und Fuß bekommt 25

Treffen 3
Ich glaube an Gott, den Schöpfer
Wo in der Natur seh ich Gottes Spur? 29

Treffen 4
Ich glaube an Jesus Christus
Das Vaterunser entdecken 33

Treffen 5
... Gekreuzigt, gestorben, begraben, ... auferstanden von den Toten
Tod mitten im Leben – Leben mitten im Tod 38

Treffen 6
Ich glaube an den Heiligen Geist (I)
Sehnsucht nach Freiheit und Frieden 43

Treffen 7
Ich glaube an den Heiligen Geist (II)
Gestärkt zum Leben und Glauben 47

Treffen 8
... Katholische Kirche, Gemeinschaft der Heiligen
Gesicht zeigen 51

Treffen 9
... Vergebung der Sünden
Ich tue, was ich nicht will – Führe mich in der Versuchung 55

Treffen 10
Sich miteinander auf die Firmung einstimmen
Den Firmgottesdienst vorbereiten 59

Treffen 11
Ich gehe meinen Weg weiter
Was ich durch die Feier der Firmung erfahren habe 63

Kapitel C

Ich möchte gefirmt werden, bin aber noch nicht getauft

Taufvorbereitung Jugendlicher 65

Was Jugendliche bewegt, sich taufen zu lassen 67
Was Taufbewerber/innen und Firmjugendliche verbindet 68
Katechumenatsweg – Taufvorbereitung Jugendlicher konkret 68

Kapitel D

Von mir, von Gott und mit Gott reden

Firmweg und Liturgie 71

Tauf- und Firmweg und Liturgie – Hinweise zur Gestaltung und Durchführung 73
Synopse der Firmtreffen und Liturgischen Feiern auf dem Firm- und
Katechumenatsweg 75

Liturgie 1
Woran ich mich festhalten kann
Übergabe des Glaubensbekenntnisses – Aufnahme in den Katechumenat 77

Liturgie 2
Gottes Wort ist wie Licht in der Nacht
Die Heilige Schrift in die Hand nehmen 82

Liturgie 3
Wie wir beten können
Übergabe des Vaterunsers 86

Liturgie 4
Gott stärke dich
Stärkungsritual: Salbung 90

Liturgie 5
Ich bin getauft – Ich werde getauft
Tauferinnerung – Feier der Zulassung zu den Sakramenten des Christwerdens 93

Liturgie 6
Ihr seid das Salz der Erde
Stärkungsritual: Entschieden den Weg des Glaubens gehen 97

Liturgie 7
Du sollst ein Segen sein
Segensfeier 102

Kapitel E

Wenn der Glaube Hand und Fuß bekommt
Projekte auf dem Firmweg 105

Quellenverzeichnis 110

Kapitel A

Mit der Arbeitshilfe Tauf- und Firmvorbereitung gestalten

Mit der Arbeitshilfe Tauf- und Firmvorbereitung gestalten

Der rote Faden des Buches

Die Arbeitshilfe ermöglicht eine kompakte Firmvorbereitung in elf Gruppentreffen. Das Jugendbuch »*Ich glaube*«, Kösel 2001, ist für die Hand der Jugendlichen bestimmt.

Roter Faden der Firmvorbereitung ist das Glaubensbekenntnis der Kirche. Dieses Credo als »Magna Charta« des Christseins wird mit den Jugendlichen durchbuchstabiert, sodass sie darin den Wert für ihr Leben spüren können (Kapitel B »*Ich glaube – Gruppentreffen*«, S. 17–64).

Die Firmvorbereitung ermöglicht den Jugendlichen, sich selbst wahrzunehmen, die Spuren Gottes in ihrem Leben zu entdecken, den Blick für ihren Weg als Christinnen und Christen zu schärfen und Erfahrungen des Heiligen Geistes zu sammeln.

Im Zusammenhang der Firmvorbereitung melden sich immer wieder Jugendliche, die getauft werden wollen. Für diese Taufvorbereitung im Rahmen des Firmweges macht die Arbeitshilfe konsequent Vorschläge, die den jugendlichen Taufbewerber/innen ein Hineinwachsen in ihr Christwerden ermöglichen. Kapitel C »*Ich möchte gefirmt werden, bin aber noch nicht getauft*« (S. 65–70) stellt dar, welche Elemente für die Taufvorbereitung Jugendlicher (genannt »Katechumenat«) wichtig sind.

Die Grundvollzüge christlichen Glaubens und Lebens – die Botschaft hören und verstehen, den Glauben im Alltag leben lernen, miteinander beten und feiern – werden mit dieser Arbeitshilfe zur Firmvorbereitung in der Gestaltung der Firmtreffen elementar erfahren.

Ein eigener Akzent liegt auf den gottesdienstlichen Feiern (Liturgien), die die Thematik einzelner Treffen aufnehmen und vertiefen. Die Liturgien sind angeregt von den Feiern des Katechumenatswegs Erwachsener. Damit wird bewusst, dass Tauf-/Firmvorbereitung und Gebet und Gottesdienst eng miteinander verknüpft sind (vgl. Kapitel D »*Von mir, von Gott und mit Gott reden*«, S. 71–104).

So werden in den Treffen der Jugendlichen konkrete Anregungen gegeben, sich miteinander über Fragen nach Gott und Fragen des Menschseins auseinander zu setzen. In den gottesdienstlichen Feiern (Liturgien) wird miteinander die Zwiesprache mit Gott gelebt.

Wenn vorgesehen ist, über die Treffen der Gruppen und die Gottesdienste hinaus sog. Projekte anzubieten, finden Sie dazu Anregungen in Kapitel E »*Wenn der Glaube Hand und Fuß bekommt*« (S. 105–109).

Mit dieser Arbeitshilfe sind Katechet/innen für die Treffen und Liturgien mit den Jugendlichen gut gerüstet. Alle weiteren Aufgaben der Firmvorbereitung sind hier nicht berücksichtigt. Dazu sei auf die Handreichung zur Firmvorbereitung »*Ich glaube*«, Kösel 2001, verwiesen. Sie gibt Einblick in das gesamte »Handwerkszeug« der Firmvorbereitung und ist eine wichtige Ergänzung zu dieser Arbeitshilfe.

Die Autorinnen gehen von einer Aufgabenteilung aus. Planung, Konzeption und Organisation der Firmvorbereitung gehören nicht selbstverständlich zu den verantwortlichen Aufgaben der Firmkatechet/innen, sondern sind zunächst die Aufgabe des Pfarrers bzw. hauptamtlicher pastoraler Mitarbeiter/innen oder eines Leitungsteams der Firmvorbereitung.

Aufbau der elf Treffen

- Das erste Treffen und das Treffen direkt vor der Firmung sind als gemeinsame Begegnungen aller Firmjugendlichen konzipiert. Darüber hinaus können die Liturgien gemeinsam gefeiert werden.
- Zu jedem Treffen gehören eine kurze Einführung in die Thematik sowie Hinweise zur Vorbereitung. Dort ist jeweils nur das angesprochen, was eine längerfristige oder besondere Vorbereitung braucht. Alle anderen Angaben sowie benötigte Materialien sind in der rechten Spalte der Verlaufspläne zu finden.
- Jedes Treffen ist nach folgenden Phasen aufgebaut (vgl. den jeweiligen Verlaufsplan):

Brotrunde – Wenn wir das Leben teilen	ermöglicht in der Gruppe anzukommen
Erschließung des Themas	durch unterschiedliche inhaltliche und methodische Zugänge
Wenn mein Glaube Hand und Fuß bekommt	regt an, Christsein im Alltag zu leben
Worte wie Schlüssel	geben einen biblischen Impuls zum Weitergehen

- Die Zeitangaben für die einzelnen Phasen der Treffen verstehen sich als Richtwerte zur Orientierung.
- In Anschluss an den Verlaufsplan finden sich weitere Hinweise zum Thema. Diese sind dann interessant, wenn die Thematik eines Treffens einen größeren Schwerpunkt in der Vorbereitung bilden soll. Darüber hinaus finden Sie dort Anregungen, wenn Sie sich persönlich mit einem Thema vertieft beschäftigen möchten.

Materialien, die oft benötigt werden

- Jugendbuch »Ich glaube«
- Bibel (die Jugendlichen sollten eine eigene Bibel haben)
- Papier und Plakate in verschiedenen Größen und Farben
- Stifte in verschiedenen Farben, Wachskreiden

Es bietet sich an, dass diese Materialien zentral für alle Katechet/innen beschafft werden.

Als Firmkatecht/in selbst auf dem Glaubensweg

Wer sich als Firmkatechet/in engagiert, lässt sich auf einen spannenden Weg mit sich selbst und den Jugendlichen ein. Firmkatechet/innen bleiben nicht unberührt von dem, was sie mit den Jugendlichen erleben, was sie von ihnen hören. Der Firmweg der Jugendlichen ist zugleich auch ein persönlicher Weg der Glaubensvertiefung für die Firmkatechet/innen. Das eigene Suchen und Fragen wird angestoßen.

In der Regel finden in der Gemeinde/Seelsorgeeinheit eigene Treffen für Firmkatechet/innen statt, in denen auch persönliche Fragen angesprochen werden können.

Wenn ich allein nicht weiterkomme

Es gibt immer wieder Situationen, in denen Beratung und Rücksprache mit anderen gut tut. Nehmen Sie Ihre Fragen mit ins Katechet/innentreffen, um eventuell auch andere Firmkatechet/innen anzuregen und dort miteinander Lösungen zu suchen. In der Regel ist in der Gemeinde bzw. Seelsorgeeinheit der Pfarrer oder ein/e hauptberufliche pastorale Mitarbeiter/in für die Firmvorbereitung zuständig. Auch dort können Sie Rat einholen.

Wie Ihnen die Handreichung »Ich glaube« weiterhilft

Wenn Sie sich intensiver mit Fragen und Themen der Firmvorbereitung auseinander setzen wollen, finden Sie in der Handreichung »Ich glaube« eine ausführliche Darstellung.

Wie Jugendliche leben und was sie bewegt; wie Glaube und Kirche im Jugendalter bestärken können	HR S. 14–17
Jugendliche in besonderen Situationen: Taufbewerber/innen, verschiedene Nationalitäten, Jugendliche mit Behinderung, Jugendliche in Ausbildung	HR S. 47–50
Was Firmung bedeutet, wie Taufe und Firmung aufeinander bezogen sind	HR S. 17–19
Wie Firmvorbereitung (ein anderes Wort dafür heißt »Firmkatechese«) verstanden werden kann, welche Anliegen und Ziele sie hat	HR S. 20–22
Wenn Sie klären möchten, was Ihre Rolle und Aufgabe in der Firmvorbereitung ist	HR S. 45–47
Wenn Sie Hintergründe zur Kommunikation und Hilfen zur Gesprächsführung in der Gruppe suchen	HR S. 25–27
Wenn Sie sich persönlich mit den Themen des Glaubensbekenntnisses beschäftigen wollen, finden Sie in jeder Einheit der Handreichung »Mein Zugang zum Thema« und »Horizonte« (knappe theologische Erläuterungen)	HR: Zu Beginn jeder Einheit
Wenn Sie Alternativen zu Gruppentreffen suchen, finden Sie verschiedene Modelle der Firmvorbereitung: Wochenenden, Samstage, Camps, mädchen- und jungengerechte Vorbereitung, Projekte, von Etappe zu Etappe.	HR S. 52–55
Wenn Sie in einem Planungsteam mitarbeiten, finden Sie Überlegungen zu Konzeption und Durchführung der Firmvorbereitung in Gemeinde und Seelsorgeeinheit, Kontaktaufnahme zu den Jugendlichen, Anmeldung usw.	HR S. 57–63
Wenn Sie alternative methodische Anregungen suchen, finden Sie eine Vielfalt	HR S. 28–38
Wenn Sie Eltern und Jugendliche miteinander ins Gespräch bringen wollen	HR S. 67–81
Wenn Sie zu Begegnungen verschiedener Generationen, Kulturen und Religionen, ökumenischen Begegnungen einladen wollen	HR S. 63–65

Abkürzungen

AH Ich glaube – Arbeitshilfe zur Firmvorbereitung, also dieses Buch
JB Ich glaube – Jugendbuch zur Firmvorbereitung, Kösel 2001
HR Ich glaube – Handreichung zur Firmvorbereitung, Kösel 2001

Lesetipp

Claudia Hofrichter/Barbara Strifler (Hg.): Firmvorbereitung mit Esprit, 2 Bände, Stuttgart (Verlag Katholisches Bibelwerk) 2001.

Kapitel B

Ich glaube

Elf Gruppentreffen

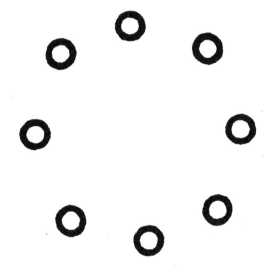

Treffen 1
Ich will gefirmt werden
Wir machen uns auf den Weg

Die Jugendlichen erleben, wer sich mit ihnen zusammen auf den Weg der Firmvorbereitung macht. Sie lernen die anderen Jugendlichen sowie die Firmkatechet/innen bei diesem *gemeinsamen Starttreffen* kennen.

Den Jugendlichen wird dabei vermittelt, was Firmung bedeutet. Sie bekommen einen Überblick über den geplanten Weg der Firmvorbereitung. Der rote Faden auf dem Weg der Firmvorbereitung ist das Credo, das Glaubensbekenntnis der Christen. Entscheidend ist dabei, dass es nicht einfach um die Vermittlung von Wissen geht, sondern dass konkrete Lebensfragen thematisiert und im Licht des Glaubens betrachtet werden. Das kann für die Jugendlichen eine Perspektive gelingenden Lebens aufzeigen.

In den letzten Jahren bereiten sich mehr und mehr Jugendliche anlässlich der Firmvorbereitung auf ihre Taufe vor. Für sie ist die Firmgruppe dann zugleich die Taufvorbereitungsgruppe. Mit dem Empfang der Sakramente von Taufe, Firmung und Eucharistie werden die jugendlichen Taufbewerber/innen in die katholische Kirche eingegliedert. Die Feier der Eingliederung Erwachsener findet in der Regel in der Osternacht statt. Im Rahmen der Firmvorbereitung sollte die Feier der Eingliederung im Firmgottesdienst stattfinden.

Je nach dem konkreten Zeitraum der Firmvorbereitung kann es sinnvoll sein, dass einzelne Themen entsprechend dem Kirchenjahr umgestellt werden. Dies ist in der Gesamtplanung und in der Vorbereitung dieses Starttreffens zu berücksichtigen.

Bei diesem Starttreffen werden die Firmgruppen gebildet. Außerdem werden wichtige Absprachen zum Firmweg getroffen.

Das Starttreffen schließt mit einer Liturgischen Feier ab, die unter dem Thema steht: »*Woran ich mich festhalten kann*« (S. 77–81).

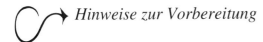
Hinweise zur Vorbereitung

- Die Anmeldung zur Firmvorbereitung hat bereits stattgefunden.
- Weisen Sie im Einladungsschreiben an die Jugendlichen darauf hin, dass sie für das Starttreffen ca. 3 Stunden einplanen müssen.
- Den Raum und alle Materialien richten.
- Textstreifen (vgl. Was ist Firmung?) und weiße Wegmarken (vgl. Vorstellung des Firmwegs) beschriften. Sind Projekte (eine Auswahl vgl. AH S. 107–109) vorgesehen, werden diese auf andersfarbige Wegmarken geschrieben und im Rahmen des Firmweges vorgestellt.
  Hinweis: Die Wegmarken und Textstreifen werden in Treffen 10 wieder benötigt.
- Die Jugendlichen treffen nicht gleichzeitig ein. Zur Überbrückung dieser Zeit können Sie einladende Musik laufen lassen.
  Musikvorschläge: Siehe Handreichung »Ich glaube«, S. 31–32.

	Verlaufsplan	
Zeit	*Schritt*	*Material*
	Eintreffen der Jugendlichen und Begrüßung • Die Jugendlichen am Eingang persönlich empfangen. • Wenn alle im Kreis sitzen: Gemeinsame Begrüßung durch den/die Leiter/in der Firmvorbereitung oder eine Person des ehrenamtlichen Leitungsteams. • Die Firmkatechet/innen und sich selbst vorstellen. • Überblick über das Starttreffen geben (siehe folgende Schritte).	Musik CD/MC-Player
20	**Stellgruppen zum Ankommen und Bekanntwerden** Es werden verschiedene Impulsfragen gestellt. Entsprechend der jeweiligen Antwort sammeln sich die Jugendlichen in Gruppen an verschiedenen Orten im Raum. Per Handzeichen geben Sie an, an welchem Ort im Raum sich welche Antwortgruppe zusammenstellt. Von Frage zu Frage mischen sich die Gruppen immer wieder neu. Die Jugendlichen kommen dabei in Kontakt und ins Gespräch. Die jeweils nächste Impulsfrage wird mit einem deutlichen akkustischen Signal angekündigt (Glocke, Gong o. Ä.). Impulsfragen: – Aus welchem Stadtteil / aus welchem Ort / aus welchem Wohngebiet kommst du? – Was machst du besonders gern? Z. B. Musik, Sport, mich mit Freunden treffen ... – Wer kennt hier wen? Stellt euch so zusammen, wie ihr euch kennt. – Stellt euch in einer Reihe nach dem ersten Buchstaben eures Vornamens auf. Haltet dabei die Reihenfolge des Alphabets ein. – Stellt euch in einer Reihe nach eurer Schuhgröße auf. – ...	Gong oder Glocke
20	**Brotrunde** Die Brotrunde wird eingeführt. Sie bildet das Anfangsritual für die einzelnen Treffen in der Firmgruppe. Die Geschichte vom Bäcker in der Jakobstraße in Paris erzählt von verschiedenen Menschen, die mit ihren Sorgen und Freuden in den Bäckerladen kommen. Der Bäcker drückt sein Interesse und sein Mitgefühl dadurch aus, dass sie gemeinsam Brot teilen und erzählen. Die Jugendlichen bilden Gruppen zu 6–8 Personen, nehmen sich einen Stuhl und setzen sich im Raum mit einem/r Gruppenleiter/in zusammen. Der/die Gruppenleiter/in liest die Geschichte »Brot in deiner Hand« vor. Während alle ein Stück Brot essen, erzählen die Jugendlichen zu folgenden Impulsen: – Was beschäftigt mich gerade? – Was ging mir durch den Kopf, als ich mich für die Firmvorbereitung angemeldet habe?	Geschichte: AH S. 23 Baguette für jede Gruppe
10	**Lied: Du bist Du** Alle setzen sich in einem großen Kreis zusammen. Das Jugendbuch »Ich glaube« wird ausgeteilt und das Lied »Du bist Du« gesungen.	JB S. 37
15	**Was ist Firmung?** Firmung ist ein Sakrament. Sakramente sind Zeichen der Nähe Gottes. Wir feiern in ihnen, dass Gott sich jedem einzelnen Menschen persönlich zuwendet. Firmung ist die Stärkung durch den Heiligen Geist. Firmung ermutigt, entschieden als Christin und Christ zu leben und verantwortlich zu handeln.	

	Firmung durchbuchstabiert
	Stellen Sie anhand der Textstreifen vor, worum es bei der Firmung geht. Dabei legen Sie die Textstreifen strahlenförmig im Halbkreis so, dass in der Reihenfolge der Anfangsbuchstaben das Wort »Firmung« entsteht.
	Textstreifen:
	    F reiheit und Freude
	    I nteresse und Neugierde an Gott und Welt
	    R ichtung ausbalancieren
	    M ut und Stärkung zum Leben
	    U nterwegs sein
	    N eue Schritte wagen, damit mein Glaube Hand und Fuß bekommt.
	    G lauben – Gottvertrauen – sich festhalten an der Zusage Gottes: Ich bin für dich da
		Beschriftete Textstreifen

20	**Vorstellung des Firmweges** ● Verteilen Sie Tücher in verschiedenen Farben an die Jugendlichen. Diese legen damit einen Weg im Innern des Stuhlkreises. Der Weg mündet in das Wort »Firmung« (Textstreifen). ● Geben Sie die weißen, bereits beschrifteten Wegmarken an einzelne Gruppenleiter/innen. ● Die Wegmarke »Firmweg-Start« legen Sie zuerst selbst an die Stelle, wo der Weg beginnen soll. Dann legen die Gruppenleiter/innen entsprechend ihre weißen Wegmarken auf den Weg und stellen die Themen der einzelnen Treffen vor. Aus den verschiedenen Themen der Gruppentreffen ergibt sich das Credo, das Glaubensbekenntnis der Kirche.	Verschiedenfarbige Tücher Wegmarken DIN-A3 beschrieben mit den einzelnen Themen der Gruppentreffen (s. Skizze Seite 24)

30	**Firmgruppeneinteilung**
	● Bilden Sie mit den Jugendlichen die Firmgruppen. Dabei gibt es verschiedene Kriterien:
	  – Mit wem möchte ich zusammen sein?
	  – Welchen gemeinsamen Zeitpunkt finden wir, um uns zu treffen?
	  – Gruppengröße: 6–8
	  – Vereinbarungen in der Gruppe: Wann und wo treffen wir uns? Wie lange nehmen wir uns Zeit für ein Treffen (ca. 1 1/2–2 Stunden)?
	● Die Namen und Adressen/Tel/E-Mail der Gruppenmitglieder werden ausgetauscht.
	● Der erste Termin wird vereinbart.
		Stifte
		Papier

30	**LITURGISCHER ABSCHLUSS:** **Woran ich mich festhalten kann –** **Mit dem Glaubensbekenntnis unterwegs**	AH S. 77-81

 **Weitere Anregungen zum Thema finden Sie:**

Handreichung »Ich glaube«, Einheit 1: HR S. 88–103
Jugendbuch »Ich glaube«, Einheit 1: JB S. 8–17

Für Katechetinnen und Katecheten

Zum persönlichen Einstieg

A	Was erwartet mich?	HR S. 89
B	Zwischen Hochgefühl und Frust? Meine Erfahrungen in Gruppen	HR S. 89
C	Lasst mich ein Stück die Straße mit euch ziehn	HR S. 90
D	Ich verstehe die Jugendlichen (nicht)	HR S. 90

Wenn Sie mit den Jugendlichen auf die Thematik dieses Treffens einen besonderen Schwerpunkt legen wollen, eignen sich folgende Bausteine:

1	Ich frage dich, wie geht es dir, wo kommst du her? *Einander kennen lernen*	HR S. 91
2	Wir finden Geschmack aneinander *Gruppe werden*	HR S. 93
3	Gruppenrituale: Brotrunde, Gruppenkiste, ein Gebet oder ein Text, Worte wie Schlüssel	HR S. 95
4	Ich suche Gott, bin unterwegs zu ihm *Rituale für den Morgen und den Abend*	HR S. 99
5	Gemeinschaft ist ... – Vereinbarungen in der Gruppe	HR S. 102

Diese Bausteine stellen verschiedene Anregungen vor, einander kennen zu lernen und in eine Gruppe miteinander einzusteigen, in der auch religiöse Fragen thematisiert werden.

Brot in deiner Hand

In der Jakobstraße in Paris liegt ein Bäckerladen; da kaufen viele hundert Menschen ihr Brot. Der Besitzer ist ein guter Bäcker. Aber nicht nur deshalb kaufen die Leute des Viertels dort gern ihr Brot. Noch mehr zieht sie der alte Bäcker an: der Vater des jungen Bäckers. Meistens ist nämlich der alte Bäcker im Laden und verkauft. Dieser alte Bäcker ist ein spaßiger Kerl. Manche sagen: Er hat einen Tick. Aber nur manche; die meisten sagen: Er ist weise, er ist menschenfreundlich. Einige sagen sogar: Er ist ein Prophet. Aber als ihm das erzählt wurde, knurrte er vor sich hin: »Dummerei ...«. Der alte Bäcker weiß, dass man Brot nicht nur zum Sattessen brauchen kann, und gerade das gefällt den Leuten. Manche erfahren das erst beim Bäcker an der Jakobstraße, zum Beispiel der Autobusfahrer Gerard, der einmal zufällig in den Brotladen an der Jakobstraße kam. »Sie sehen bedrückt aus«, sagte der alte Bäcker zum Omnibusfahrer. »Ich habe Angst um meine kleine Tochter«, antwortete der Busfahrer Gerard. »Sie ist gestern aus dem Fenster gefallen, vom zweiten Stock.«

»Wie alt?«, fragte der alte Bäcker. »Vier Jahre«, antwortete Gerard.

Da nahm der alte Bäcker ein Stück vom Brot, das auf dem Ladentisch lag, brach zwei Bissen ab und gab das eine Stück dem Busfahrer Gerard. »Essen Sie mit mir«, sagte der alte Bäcker zu Gerard, »ich will an Sie und Ihre kleine Tochter denken. Der Busfahrer Gerard hatte so etwas noch nie erlebt, aber er verstand sofort, was der alte Bäcker meinte, als er ihm das Brot in die Hand gab. Und sie aßen beide ihr Brotstück und schwiegen und dachten an das Kind im Krankenhaus.

Zuerst war der Busfahrer Gerard mit dem alten Bäcker allein. Dann kam eine Frau herein. Sie hatte auf dem nahen Markt zwei Tüten Milch geholt und wollte nun eben noch Brot kaufen. Bevor sie ihren Wunsch sagen konnte, gab ihr der alte Bäcker ein kleines Stück Weißbrot in die Hand und sagte: »Kommen Sie, essen Sie mit uns: Die Tochter dieses Herrn liegt schwer verletzt im Krankenhaus, sie ist aus dem Fenster gestürzt. Vier Jahre ist das Kind. Der Vater soll wissen, dass wir ihn nicht allein lassen.«

Und die Frau nahm das Stückchen Brot und aß mit den beiden. So war es oft in dem Brotladen, in dem der alte Bäcker die Kunden bediente. Aber es passierte auch anderes, über das sich die Leute noch mehr wunderten. Da gab es zum Beispiel einmal die Geschichte mit Gaston: An einem frühen Morgen wurde die Ladentür aufgerissen und ein großer Kerl stürzte herein. Er lief vor jemandem fort; das sah man sofort und da kam der offene Bäckerladen gerade recht. Er stürzte also herein, schlug die Tür hastig hinter sich zu und schob von innen den Riegel vor. »Was tun denn Sie da?«, fragte der alte Bäcker. »Die Kunden wollen zu mir herein um Brot zu kaufen. Machen Sie die Tür sofort wieder auf.« Der junge Mann war ganz außer Atem. Und da erschien vor dem Laden auch schon ein Mann wie ein Schwergewichtsboxer, in der Hand eine Eisenstange. Als er im Laden den jungen Mann sah, wollte er auch hinein. Aber die Tür war verriegelt. »Er will mich erschlagen«, keuchte der junge Mann.

»Wer? Der?«, fragte der Bäcker. »Mein Vater!«, schrie der Junge und er zitterte am ganzen Leibe.

»Er will mich erschlagen. Er ist jähzornig. Er ist auf neunzig!«

»Das lass mich nur machen«, antwortete der alte Bäcker, ging zur Tür, schob den Riegel zurück und rief dem schweren Mann zu: »Guten Morgen, Gaston! Am frühen Morgen regst du dich schon so auf? Das ist ungesund. So kannst du nicht lange leben. Komm herein, Gaston! Aber benimm dich! Lass den Jungen in Ruh! In meinem Laden wird kein Mensch umgebracht.«

Der Mann mit der Eisenstange trat ein. Seinen Sohn schaute er gar nicht an. Und er war viel zu erregt um dem Bäcker antworten zu können. Er wischte sich mit der Hand über die feuchte Stirn und schloss die Augen. Da hörte er den Bäcker sagen: »Komm, Gaston, iss ein Stück Brot, das beruhigt. Und iss es zusammen mit deinem Sohn; das versöhnt. Ich will auch ein Stück Brot essen, um euch bei der Versöhnung zu helfen.« Dabei gab er jedem ein Stück Weißbrot. Und Gaston nahm das Brot, auch sein Sohn nahm das Brot. Und als sie davon aßen, sahen sie einander an und der alte Bäcker lächelte beiden zu. Als sie das Brot gegessen hatten, sagte Gaston: »Komm, Junge, wir müssen an die Arbeit!«

Heinrich A. Mertens

Vorstellung des Firmweges

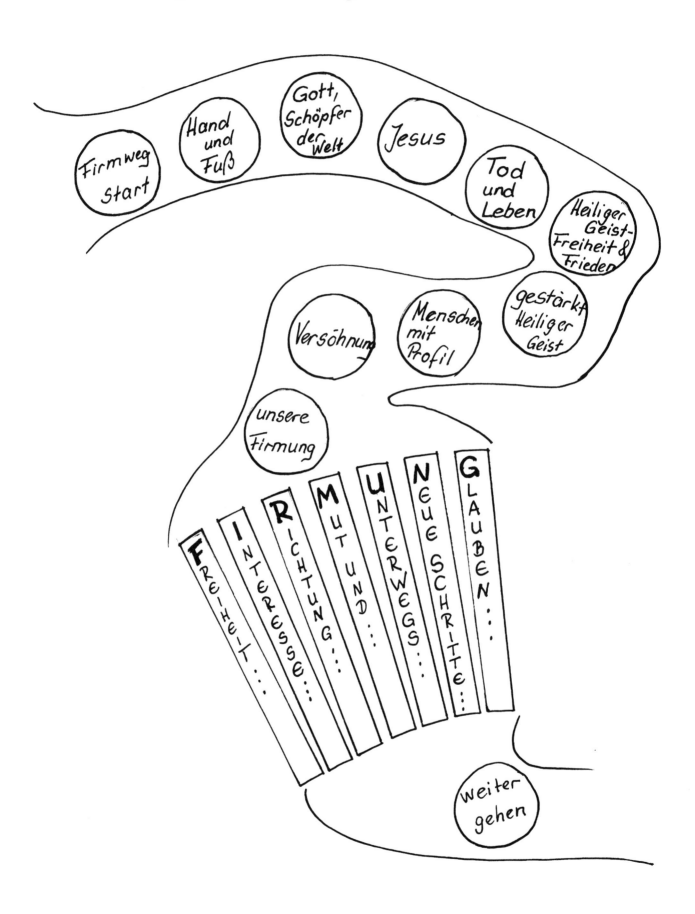

24 B Ich glaube

Treffen 2

Ich glaube

Wenn mein Glaube Hand und Fuß bekommt

Die meisten Jugendlichen sind im Säuglings- oder Kleinkindalter getauft worden. Mit der Taufe wurden sie Christin oder Christ und zugleich Mitglied einer christlichen Bekenntnisgemeinschaft, der katholischen Kirche. Dieser grundlegende Schritt fordert im Verlauf des Lebens zu einer inneren Auseinandersetzung mit Glaube und Kirche heraus. Im Rahmen der Firmvorbereitung fragen Jugendliche nach ihren eigenen religiösen Wurzeln: Weshalb wurde ich getauft? Was bedeutet es, getauft zu sein?

Wer sich firmen lässt, sagt Ja zur Taufe. Dies ist nicht nur ein gesprochenes Ja, sondern ein Ja, das im alltäglichen Leben Hand und Fuß bekommt. Die Firmkatechese eröffnet den Jugendlichen Perspektiven, eigene Antworten auf ihre Taufe zu finden. Die Taufbewerber/innen bereiten sich in der Gruppe auf Taufe, Eucharistie und Firmung vor.

Notizen

Verlaufsplan

Zeit	Schritt	Material
10	**Ankommen: Brotrunde – Wenn wir das Leben teilen** Die Jugendlichen erzählen einander zu den Impulsen: Wie es mir gerade geht. – Woher ich heute komme. – Was mich gerade freut, ärgert, beschäftigt.	Baguette
10	**Ich bin getauft – Ich möchte getauft werden** Legen Sie das große blaue Tuch in die Mitte und dazu das Blatt »Taufe« **Gespräch** *Impulse* – Was fällt mir zu »Taufe« ein? – Was weiß ich von meiner eigenen Taufe? – Gibt es eine Situation, in der ich an meine Taufe dachte, in der meine Taufe für mich wichtig wurde? Wenn jugendliche Taufbewerber/innen in der Gruppe sind, wird diese Situation im Gespräch aufgenommen. *Impulse:* – Warum möchte ich getauft werden? – Wer hat mich ermutigt? – Welche Christinnen und Christen habe ich kennen gelernt, durch die ich zu diesem Schritt ermutigt wurde? – Was verspreche ich mir von der Taufe? Für die Firmjugendlichen: – Wenn ich jetzt selbst zu entscheiden hätte, möchte ich dann jetzt getauft werden? – Wie können wir als Firmgruppe zur Taufvorbereitung und Taufe beitragen? Z. B. Gespräche, den Taufspruch als Spruchband gestalten, eine Segenstafel tonen ...	Großes blaues Tuch DIN-A4-Blatt beschriftet mit dem Wort »TAUFE« Vgl. HR S. 400
15-20	**Die Taufsymbole entdecken** Gestalten Sie nach und nach die Mitte mit den Taufsymbolen auf dem großen blauen Tuch. Sammeln Sie mit den Jugendlichen das, was ihnen zu den einzelnen Symbolen einfällt (Alltagsbegebenheiten, Symboldeutungen). Ergänzen Sie gegebenenfalls durch folgende Deutungen: – *Wasser* – getauft mit lebendigem Wasser zum Leben in Fülle – *Chrisam* – von Gott auserwählt, Priesterin, Königin und Prophetin zu sein, Priester, König und Prophet zu sein – *Brennende Kerze* – angesteckt werden von Christus und selbst Licht für die Welt werden – *Kreuz* – Erkennungszeichen und Bekenntniszeichen der Christen – *Taufkleid* – Christus hautnah anziehen wie ein Kleid und ihm nachfolgen – *Salz für den Effata-Ritus* – Geschmack am Leben und an der Botschaft Jesu finden, sich leidenschaftlich für das Leben und das Evangelium einsetzen	Schale Wasser Kreuz Kerze Chrisam Bibel weißes Tuch Schälchen Salz
5	**Lied: Du bist Du**	JB S. 37
25	**Taufe: Beim Namen gerufen** ● Sprechen Sie mit den Jugendlichen darüber, wie sie sich gegenseitig anreden, wie sie am liebsten angeredet werden wollen.	

	Vielleicht erzählen die Jugendlichen auch von besonderen Erlebnissen mit ihrem Namen, von Spitznamen, ob ihnen ihr Name gefällt, von Hintergründen, warum sie gerade diesen Namen bekommen haben, von berühmten Namensträger/innen, von dem/der Namenspatron/in oder vom Namenstag. ● Die Jugendlichen gestalten ihren Namenszug, probieren verschiedene Schreibformen aus und schreiben einander Autogramme ins Jugendbuch auf S. 35.	JB S. 35 Papier Stifte oder Schreibfedern mit Tusche
10	**Wenn mein Glaube Hand und Fuß bekommt** Wenn etwas Hand und Fuß bekommt, dann wird etwas konkret, dann lässt sich etwas verwirklichen. Wenn der Glaube Hand und Fuß bekommt, ist nicht mehr entscheidend, was jemand gelernt hat, sondern wie jemand lebt und handelt. *Impuls zum Gespräch* *»Ich bin als Säugling getauft worden. Seither bemühe ich mich, Christ zu werden.«* Sprechen Sie mit den Jugendlichen darüber, was ihnen persönlich ihr Glaube bedeutet, in welchen Situationen sie in ihrem Glauben Halt gefunden haben, wo sie sich in ihrem Handeln vom Glauben leiten ließen und leiten lassen wollen.	
10–15	**Abschluss: Worte wie Schlüssel** ● Erzählen Sie den Jugendlichen von der alten Tradition, sich einen Bibelvers auszuwählen und sich diesen einzuprägen, um dann in bestimmten Situationen von Freude und Leid eine »Ration« an Rat- und Dank-, an Klage- und Trostworten zu haben. ● Ermuntern Sie die Jugendlichen auszuprobieren, ob und wie sich ein Schriftwort auswirkt, das sie sich als Impuls für die Woche auswählen. ● Die Jugendlichen wählen sich aus Psalm 23 oder aus dem Lied: »Du bist Du« einen Vers aus, der sie stärkt. ● Regen Sie an, diesen auf eine Karte zu schreiben und im eigenen Zimmer dort anzupinnen oder hinzulegen, wo sie ihn immer wieder sehen. Regen Sie an, dieses Wort auswendig zu lernen und so nach und nach eine Ration von Worten für bestimmte Situationen zur Verfügung zu haben.	vgl. JB S. 14 JB S. 35 Bibel: Psalm 23 Karten Stifte
	LITURGISCHE FEIER An das Treffen anschließend oder zwischen Treffen 2 und 3 steht die Liturgische Feier »*Gottes Wort ist wie Licht in der Nacht – Die Heilige Schrift in die Hand nehmen*« (S. 82–85).	

Weitere Anregungen zum Thema finden Sie:

Handreichung »Ich glaube«, Einheit 4: HR S. 148–168
Jugendbuch »Ich glaube«, Einheit 4: JB S. 32–37

Zum persönlichen Einstieg

A	Ich bin getauft – meine Taufe erinnern	HR S. 149
B	»Man muss täglich in seine Taufe hineinkriechen« (Martin Luther)	HR S. 150
C	Ich informiere mich über die Taufe	HR S. 150

Theologische Hintergründe

Taufe – Sakrament des Christwerdens	HR S. 151-153

Wenn Sie mit den Jugendlichen auf die Thematik dieses Treffens einen besonderen Schwerpunkt legen wollen, eignen sich folgende Bausteine:

1	Taufe entdecken: Ich bin getauft – ich möchte getauft werden	HR S. 153
2	Besuch einer Tauffeier	HR S. 156
3	Ich trage einen Namen	HR S. 158
4	Eingetaucht und neugeboren: zu Römer 6,3–5 *Getauft auf Jesu Tod und Auferstehung*	HR S. 160
5	Immer gut angezogen *Taufkleid*	HR S. 162
6	Hören und Reden *Effata-Ritus*	HR S. 164

Wenn in Ihrer Gruppe jugendliche Taufbewerber/innen sind, finden Sie weitere Anregungen dazu in dieser Arbeitshilfe in Kapitel C und D.

Treffen 3

Ich glaube an Gott, den Schöpfer

Wo in der Natur seh ich Gottes Spur?

Wer staunen kann, dem gehen neue Dimensionen und Hintergründe der Wirklichkeit auf, dem wird etwas kostbar und wertvoll, der kommt in diesem Staunen Gott nahe. Die Möglichkeiten der Menschen, die Natur zu gestalten, sind in unserer Zeit fast ins Unendliche gewachsen. Die Rückbindung an den Schöpfergott ist im Forschen und Handeln (Gentechnologie, Nahrungsmittelproduktion usw.) längst nicht mehr selbstverständlich.

Das Treffen will anregen, die Schönheit und Einmaligkeit der Schöpfung zu empfinden, zu genießen, zu achten und Dankbarkeit gegenüber Gott auszudrücken. Sie sensibilisiert die Jugendlichen für ethische Fragestellungen wie diese: Was ist verantwortbar? Welche besondere Verantwortung ist gefordert? Was können Christen zu einem verantwortlichen Umgang mit der Erde, mit Menschen, Tieren, Pflanzen, Wasser und Luft beitragen?

Hinweise zur Vorbereitung

- Die Wanderung, Radtour, naturkundliche Führung oder Lehrpfadbegehung mit den Jugendlichen beim vorausgehenden Treffen planen:
  Klären, was alle mitbringen müssen (z. B. Fahrrad, evtl. Fahrkarte, Jugendbuch, Bibel, Bleistift ...).
- Vereinbaren, wer das Baguette für die »Brotrunde« mitbringt.
- Möglicherweise können Sie auch einen Förster gewinnen, der diese Naturbegegnung mit den Jugendlichen gestaltet.
- Informationen sammeln zum Thema »Verantwortlicher/verantwortungsloser Umgang mit der Schöpfung«, evtl. auch Aktuelles aus der Tageszeitung.
- Alternativen zum Firmtreffen im Freien finden Sie in der Handreichung »Ich glaube«, S. 179–184.

Notizen

Verlaufsplan

Zeit	Schritt	Material
10	**Ankommen: Brotrunde – Wenn wir das Leben teilen** Die Jugendlichen erzählen einander zu den Impulsen: Wie es mir gerade geht. – Woher ich heute komme. – Was mich gerade freut, ärgert, beschäftigt.	Baguette
30	**Gang durch die Natur** Bei einem Waldspaziergang, einem Streifzug durch Wiesen und Felder, einem Gang durch den Stadtpark oder gar einer Bergwanderung können wir Natur genießen. Gehen Sie gemeinsam mit den Jugendlichen ein Stück durch die Natur. Planen Sie eine Phase der Einzelbesinnung ein. Die Jugendlichen suchen sich dazu ein »Stück Natur«, das sie beeindruckt hat. Z. B. ein Stück Moos beeindruckt durch seine saftige grüne Farbe; eine Blüte durch ihren regelmäßigen Aufbau; ein Schneckenhaus durch das filigrane Aussehen; ein Blatt durch seine feinen Rippen und Adern.	Ein »Stück Natur«
10	**Einzelbesinnung** ● »Setzt euch jede und jeder für sich allein ins Gras, auf einen Baumstumpf oder auf einen Stein ... schaut, beobachtet und lauscht, tastet, befühlt ..., zeichnet ein Detail eines Stücks Natur, das euch besonders gefällt. Achtet darauf, was ihr empfindet, was ihr Neues entdeckt. Wie würdet ihr das beschreiben? Schreibt eure Gedanken auf. Bringt euer ›Stück Natur‹ zum Treffpunkt mit.« ● Vereinbaren Sie vor dem Auseinandergehen den Treffpunkt.	Stifte, Papier
15	**Austausch** Die Jugendlichen bringen das »Stück Natur« mit, das sie besonders beeindruckt hat, und stellen es den anderen vor. Die aufgeschriebenen Gedanken können dabei verwendet werden.	Ein »Stück Natur« Notierte Gedanken
10	**Wer staunt, der betet** Im Buch der Psalmen finden sich Gebete, die ganz offensichtlich aus dem Staunen heraus entstanden sind. In *Psalm 8* fühlt sich der Mensch winzig und unbedeutend angesichts der Größe und Weite des Himmels. Gleichzeitig wird er sich seiner großen Würde und Aufgabe bewusst: Gott hat ihm seine ganze Schöpfung anvertraut. *Psalm 104* ist ein Loblied auf den Schöpfergott. Die ersten Verse sind von altorientalischer Weltvorstellung geprägt, die uns heute fremd ist. Und doch ist dieser Psalm ansprechend aktuell und begeistert durch die Fülle aufgezählter Beobachtungen. Grenzenloses Staunen über die Schöpfung und tiefe Ehrfurcht vor dem Schöpfergott durchziehen den gesamten Psalm. **Gebet** Tragen Sie einen der Psalmen vor, anschließend wiederholt jede und jeder den Vers, der sie oder ihn angesprochen hat.	Bibeln

15	**Emil Nolde: Der große Gärtner** Das Bild ist 1940 entstanden. Es gehört zu Noldes Zyklus von Bildern zur Bibel. Gott ist als Schöpfer und Gärtner dargestellt. Er blickt auf seine Schöpfung, er behütet sie. Die Farben der Pflanzen verbinden sich mit den Farben des Gesichtes. Zwischen Schöpfer und Schöpfung besteht eine Einheit. Zärtlich blickt der Gärtner auf die Schöpfung, die noch im Werden ist. Sie ist nicht »fertig«, sondern geschaffen, weiter zu wachsen. Im Bild klingen Aussagen aus Psalm 8 und Psalm 104 an. **Bilderschließung** • Betrachten Sie mit den Jugendlichen das Bild. – Was siehst du? (Farben, Formen, Zuordnungen von Farben und Formen) – Welche Gefühle löst das Bild in dir aus? • Sprechen Sie abschließend noch einmal gemeinsam Psalm 8 oder Psalm 104 (evtl. nur einige wenige Verse).	JB S. 39
20	**Der Mensch als Hüter des Lebens** Konfrontieren Sie die Jugendlichen mit der Verantwortung der Menschen für die Schöpfung, mit dem Auftrag, die Erde zu bewahren und zu behüten. Schauen Sie miteinander auf die konkrete Umgebung. Sprechen Sie mit den Jugendlichen über die Verantwortung im Umgang mit Pflanzen, (genveränderten) Nahrungsmitteln, Tieren, Luft, Wasser, Rohstoffen …	
10	**Wenn mein Glaube Hand und Fuß bekommt** • Lesen Sie dazu die Bibelworte Genesis 1,26–27 und Genesis 2,15 • Impuls: »Was kann ich zur Bewahrung der Schöpfung und zum Schutz menschlichen Lebens beitragen?« • Die Jugendlichen schreiben sich als Erinnerungshilfe ihren Beitrag auf ein Kärtchen: »In der kommenden Woche nehme ich mir im Umgang mit der Schöpfung vor: …«	JB S. 38 Stifte Kärtchen
10	**Abschluss: Worte wie Schlüssel** Die Jugendlichen wählen sich aus Psalm 8 bzw. Psalm 104 oder aus den »Worten wie Schlüssel« einen Vers aus, der sie in ihrem Beitrag zur Bewahrung der Schöpfung ermutigt und stärkt. Abschließend teilen die Jugendlichen einander mit, was sie ausprobieren werden und welches Wort sie sich ausgewählt haben. Es wird dabei nicht kommentiert.	JB S. 45
	LITURGISCHE FEIER Zwischen Treffen 3 und 4 steht die Liturgische Feier »*Wie wir beten können – Übergabe des Vaterunsers*« (S. 86–89). Dazu könnten sich die Jugendlichen aller Firmgruppen versammeln.	

 **Weitere Anregungen zum Thema finden Sie:**

Handreichung »Ich glaube«, Einheit 5: HR S. 169–197
Jugendbuch »Ich glaube«, Einheit 5: JB S. 38–45

Zum persönlichen Einstieg

A	Wer bin ich, wenn niemand mich anschaut?	HR S. 171
B	Meditation: Gott, dir verdanke ich mein Leben	HR S. 171
C	Vorstellungen von Gott, die mich tragen	HR S. 171
D	Als Mann oder als Frau Gott anreden	HR S. 172

Theologische Hintergründe

Kenne ich den, den ich bekenne?	HR S. 173–176

Wenn Sie mit den Jugendlichen auf die Thematik dieses Treffens einen besonderen Schwerpunkt legen wollen, eignen sich folgende Bausteine:

1	Ich bin wer, weil Gott nach mir schaut *Von der Sehnsucht, Ansehen bei den Menschen und bei Gott zu haben*	HR S. 176
2	Wo in der Natur seh ich Gottes Spur? *Die Spuren Gottes in der Natur entdecken*	HR S. 179
3	Gott als Schöpfer des Lebens – der Mensch als Schöpfer des Lebens *Menschen als Abbild Gottes und ihre Verantwortung für die Schöpfung*	HR S. 181
4	Mitarbeiterinnen und Mitarbeiter Gottes – kreativ, voll Fantasie *Die von Gott geschenkten Talente und Begabungen*	HR S. 184
5	Der 100. Name Gottes im Islam – Mein Name für Gott *Eine persönliche Anrede für Gott entdecken*	HR S. 189
6	Er ist ja mein Vater *Die väterliche und mütterliche Fürsorge Gottes*	HR S. 192

Treffen 4

Ich glaube an Jesus Christus

Das Vaterunser entdecken

Wann kennen wir einen Menschen? Kennen heißt zunächst: Name, Alter, Beruf, Hobbys eines Menschen zu wissen. Schwieriger wird es, innere Haltungen und Einstellungen zu beschreiben, die kaum messbar sind. »Warum tut sie das?«, »Wie kommt er dazu?« Diese Fragen drücken unser tieferes Interesse aus.

Die Verfasser der neutestamentlichen Schriften sind bei der Person Jesu vor allem daran interessiert, über seine innere Haltung und seine Botschaft zu schreiben. Deshalb erfahren wir kaum äußere Daten.

Zur Botschaft Jesu gehört zentral das Vaterunser als gemeinsames Gebet der Christen. Darin drücken sich die inneren Haltungen Jesu aus und sein Auftrag an uns, ebenso zu beten und zu handeln. Im Vaterunser wird die Beziehung zwischen Gott und den Menschen zum Ausdruck gebracht.

Die Aussagen des Vaterunsers sind in ihrer Sprache den Jugendlichen teilweise fremd. Die Erfahrungen, die darin angesprochen werden, sind ihnen zugleich teilweise vertraut. Sie kennen z. B. die Erfahrung von Schuld und Versuchung. Fremdheit kann bereits bei der vertrauten Vater-Anrede beginnen. Dass z. B. die Bitte um das tägliche Brot heute nicht nur meint, den körperlichen Hunger zu stillen, sondern auch die seelischen Bedürfnisse, bedarf einer Erschließung.

Die Jugendlichen werden aufmerksam auf die besondere Symbolik des Vaterunsers: die Verbindung von vertikaler und horizontaler Dimension.

Die Vertikale: Das Ausgerichtetsein des Menschen nach oben (Himmel) und das Verwurzeltsein in der Tiefe (Erde), die Verbindung zwischen Gott und Mensch.

Die Horizontale: Das Ausgespanntsein der Menschen, ihr Bezogensein auf die Schöpfung, die Mitmenschen und ihr Leben in der Welt.

Wo Horizontale und Vertikale sich im Schnittpunkt treffen, entsteht ein Kreuz. Das Kreuz ist hier Symbol der Ganzheit.

Die Körperübung möchte diese Dimensionen des Vaterunsers erfahrbar machen und so zu bewussterem Beten anleiten.

Zwischen Treffen 3 und 4 wurde den Jugendlichen in einer Liturgischen Feier das Vaterunser überreicht. So will dieses Treffen anregen zur persönlichen Auseinandersetzung zum Thema »Was sagen ›die Leute‹, was sage ich, wer Jesus sei?« Verschiedene Zugänge zum Vaterunser erschließen Jugendlichen Worte und Haltungen.

Notizen

Verlaufsplan

Zeit	Schritt	Material
10	**Ankommen: Brotrunde – Wenn wir das Leben teilen** Die Jugendlichen erzählen einander zu den Impulsen: Wie es mir gerade geht. – Woher ich heute komme. – Was mich gerade freut, ärgert, beschäftigt.	Baguette
5-10	**Ich kenne dich** Einen Menschen zu kennen heißt zum einen, äußere Daten zu wissen, zum anderen, auch seine innere Haltung, das, was ihm wichtig ist, zu verstehen und wertzuschätzen. **Partnergespräch** Auf einem großen Plakat stehen untereinander folgende Stichworte: Geburtsjahr, Bildung, Hobbys, Begabungen, wichtige Gedanken, persönliche Einstellungen. ● Jeweils zu zweit erzählen die Jugendlichen einander, was sie von ihrem Gegenüber wissen. »Es gibt Daten, die man leicht nennen kann: Alter, Schule, Hobbys, Begabungen ... Versucht aber auch zu sagen, was ihr von den Gedanken wisst, die dem oder der anderen wichtig sind. Vielleicht kennt ihr auch Gründe, warum ihm oder ihr eine Sache besonders wichtig ist.« ● Fragen Sie anschließend die Jugendlichen, wie sie das Gespräch erlebt haben. *Hinweis:* *Ist die Anzahl der Gruppenmitglieder ungerade, machen Sie selbst mit. Oder Sie bilden Paare und eine Dreiergruppe.* *Das Plakat wird nicht mit Ergebnissen der Partnergespräche beschrieben.*	Vorbereitetes Plakat DIN-A3
15	**Lebensbeschreibung** Hermann Josef Coenen hält eine »Laudatio« auf Jesus. Er spricht die Haltung Jesu und seine Überzeugungen an. Der Text fasst die Botschaft Jesu vom Reich Gottes zusammen: Gott bleibt nicht bei unserem Scheitern stehen. Gott will uns Zukunft und Hoffnung geben. **Informationen zusammentragen** ● Leiten Sie etwa so über: »Über Personen der Vergangenheit erhalten wir Informationen über deren Lebensdaten, ihr Handeln und ihre Überzeugungen in Geschichtsbüchern, im Internet ... Welche Erfahrungen sie gemacht und was sie gefühlt haben, was sie persönlich bewegt hat, ist schon schwerer zu sagen. Das gilt auch für Jesus von Nazaret. Kennen wir Jesus? Was wissen wir über ihn?« ● Bitten Sie jemanden, den Text vorzutragen oder tun Sie es selbst. ● Anschließend werden alle Informationen über Jesus stichwortartig auf dem Plakat gesammelt.	JB S. 46 JB S. 46 Plakat mit den Stichworten (s. o.), Stifte
30	**Eines Tages kam einer** Der Liedtext versucht, die innere Haltung Jesu zu beschreiben. Er war ein Mensch, in dessen Nähe andere sich wohl fühlten, weil er ihnen menschliche Wärme entgegenbrachte. Menschen entdeckten, was für Jesus wichtig war und woraus er Kraft und Mut zum Leben schöpfte, nämlich aus der Beziehung zu Gott, seinem »Vater«.	

Meiner Vorstellung von Jesus Farbe geben

- Singen Sie miteinander das Lied »Eines Tages kam einer«.
  - »Was wird hier über Jesus gesungen?«
  - »Mit welchen Farben würdest du die Gefühle, die im Lied beschrieben werden, ausdrücken?«
- Lassen Sie mit diesen Farben das bereits begonnene Plakat weitergestalten.

JB S. 47
Großes Plakat
Wasserfeste Stifte
Wasserfarben
Pinsel
Schwämme

---

15 **Das Vaterunser entdecken**

Körperübung: Leibhaft beten

Hinweis:
Wichtig ist bei dieser Übung, dass Sie durch die Art, wie Sie die Übung einführen und mit vollziehen, einen Großteil der Führung übernehmen. Die Übung wird im Stehen ausgeführt.

Bitten Sie die Jugendlichen, sich aufrecht hinzustellen;
die Beine hüftbreit nebeneinander, die Arme locker herabhängen lassen.

Anleitung

1 Steht aufrecht. Achtet auf eure Füße. Spürt die Fußsohlen am Boden. Spürt, wie sie in den Boden »hineinwachsen«, wie ihr fest und verwurzelt steht.

2 Legt dann die Handflächen vor der Brust zusammen (Gebetshaltung) und

3 streckt sie langsam über dem Kopf aus. Reckt euch noch ein bisschen, bis die Arme ganz gerade sind. Stellt euch vor, ihr wolltet mit den Fingerspitzen den Himmel erreichen. Bleibt in dieser Stellung (5 Sekunden). Nehmt wahr, wie ihr dasteht. Spürt eure Füße. Spürt eure Hände bis zu den Fingerspitzen.

4 Senkt die Arme langsam bis vor die Brust. Führt die Unterarme und Hände langsam zur Seite, die Ellenbogen bleiben am Körper angewinkelt.

5 Senkt die Hände und Unterarme, bis sie im rechten Winkel zu den Oberarmen sind, und streckt sie dann weit nach rechts bzw. links aus. Versucht mit den Fingerspitzen euch noch ein bisschen weiter zur Seite zu strecken. Bleibt so einige Augenblicke.

6 Dreht nun euren Oberkörper langsam rechts herum. Der Kopf bleibt nach vorne gerichtet. Verharrt einen Augenblick. – Und zurück. – Dreht dann den Oberkörper langsam links herum. Verharrt einen Augenblick. Dreht dann wieder zurück.

7 Führt Arme und Hände wieder langsam vor die Brust und dann nach unten, bis sie rechts und links am Körper locker herabhängen und ihr wieder in der Ausgangsstellung seid. (vgl. Abb. 2 und 1)

Auswertung

Die Jugendlichen bleiben stehen. Evtl. sagen sie einander, wie es ihnen bei der Übung ergangen ist. Beten Sie miteinander das Vaterunser (JB S. 50).

15 10	**Schreibwerkstatt** ● Die Jugendlichen schreiben ihr persönliches Vaterunser. Dabei können sie zu jeder Bitte/jedem Satz eine eigene Formulierung finden oder eine Bitte/einen Satz auswählen und zu diesem ihre Gedanken schreiben. Ein Beispiel finden Sie im Jugendbuch S. 50. ● Die persönlichen Texte werden zum oben entstandenen Plakat dazugelegt. ● Die Jugendlichen lesen zunächst die entstandenen Texte aller still. ● Dann hat jede/r Gelegenheit, den eigenen oder den Text eines/r anderen vorzutragen. So entsteht ein modernes/aktuelles Vaterunser.	JB S. 50 DIN-A4-Blätter in verschiedenen Farben Stifte

10	**Wenn mein Glaube Hand und Fuß bekommt**
	● Fassen Sie das Gruppentreffen zusammen, indem sie die entstandenen Werke noch einmal aufgreifen.
	● Überlegen Sie mit den Jugendlichen, was sie in ihrem Alltag von der Haltung Jesu umsetzen könnten:
	  – Was fasziniert mich?
	  – Was steckt mich an?
	  – Was möchte ich in meinen Alltag mitnehmen?
	  – ...	

5	**Abschluss: Worte wie Schlüssel** Die Jugendlichen wählen sich im Sinne der »Worte wie Schlüssel« einen Vers des Vaterunsers aus. Regen Sie die Jugendlichen an, das Vaterunser oder einen Vers daraus auch im Alltag zu beten.	

Weitere Anregungen zum Thema finden Sie:

Handreichung »Ich glaube«, Einheit 6: HR S. 198–223
Jugendbuch »Ich glaube«, Einheit 6: JB S. 46–51

Zum persönlichen Einstieg

A	Christus-Gesichter	HR S. 200
B	Das Vaterunser – eine Körperübung	HR S. 200

Theologische Hintergründe

Ich glaube an Jesus Christus, seinen eingeborenen Sohn, unseren Herrn	HR S. 201–203

Wenn Sie mit den Jugendlichen auf die Thematik dieses Treffens einen besonderen Schwerpunkt legen wollen, eignen sich folgende Bausteine:

1	Wer ist dieser? – Was sage ich, wer Jesus sei? *Verschiedene Sichtweisen der Person Jesu unter dem Aspekt »einen Menschen kennen«*	HR S. 203
2	Auf Jesu Spuren in der Bibel *Bibelparcours*	HR S. 204
3	Zeig mir dein Gesicht *Zwei Christusbilder der Kunst*	HR S. 209
4	Mein Jesus-Bild *Fortführung von Baustein 3 mit der Anregung, selbst ein Kunstbild weiterzumalen*	HR S. 210
5	Jesus lehrt uns beten: Vaterunser *Das Vaterunser als persönliches Gebet entdecken*	HR S. 212
6	Mein Vaterunser – Gebetswerkstatt *Gebetswerkstatt zum Vaterunser*	HR S. 214

Baustein 6 stellt eine Gebetswerkstatt zum Vaterunser vor, die über die Vorschläge dieses Gruppentreffens hinausgeht. Wenn Sie mehr Zeit haben, können Elemente in den Verlauf des Gruppentreffens integriert werden: einen Vaterunser-Rap erarbeiten, Vertonungen zum Vaterunser, eine Wandzeitung gestalten, das Vaterunser in verschiedenen Sprachen.

Die Bausteine können zusammen als »Leben-Jesu-Parcours« gestaltet werden. Hierzu eignen sich besonders ein Wochenende oder ein gemeinsamer Tag mehrerer oder aller Firmgruppen. In der Handreichung finden Sie weitere biblische Bausteine für einen Leben-Jesu-Parcours (Einheit 6, Baustein 2, HR S. 204–209).

Treffen 5

... Gekreuzigt, gestorben, begraben
... auferstanden von den Toten

Tod mitten im Leben – Leben mitten im Tod

Wir Menschen haben eine tiefe Sehnsucht nach Leben in Fülle. Wir wehren uns gegen alles, was dieser Fülle widerspricht: Not, Leid und Tod. Leidens- und Todeserfahrungen gehören zum christlichen Glauben an die Auferstehung. Dieser mündet in die Hoffnung auf ein »Leben bei Gott, ohne Leid, ohne Tränen und ohne Tod« (vgl. Offenbarung 21,4).

Gräber und Friedhöfe sind dort, wo sie christlich gestaltet sind, ein Ort, an dem der Glaube an die Auferstehung von den Toten spürbar wird. Deshalb ist es vielen Menschen ein Bedürfnis, die Verstorbenen auf dem Friedhof »zu besuchen«, ihrer zu gedenken und ihr Grab zu pflegen.

Die Jugendlichen werden angeregt, zusammen mit älteren Menschen den Friedhof als Ort der Hoffnung und des Glaubens an die Auferstehung Jesu zu entdecken. Alte Menschen kennen oft die Lebensgeschichten vieler, die auf dem Friedhof begraben sind – besonders in ländlichen Gegenden. Sie können von ihnen erzählen.

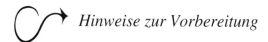 *Hinweise zur Vorbereitung*

- Planen Sie mit den Jugendlichen einen Friedhofsbesuch. In größeren Städten gibt es mehrere Friedhöfe. Dann wird einer ausgewählt, vielleicht weil sich dort das Grab eines Angehörigen befindet. Wenn jemand nicht mitgehen möchte, sprechen Sie behutsam darüber. Für Einzelne ist es vielleicht der erste Friedhofsgang.
- Planen Sie Fahrtzeiten zum Friedhof zusätzlich ein.
- Abschluss des Friedhofsbesuchs in der Friedhofskapelle: Nicht überall ist die Kapelle öffentlich zugänglich. Sie müssten sich vorher erkundigen.
- Fragen Sie ältere und alte Menschen, ob sie zu einer solchen Begegnung der Generationen bereit sind. Laden Sie sie ein, Jugendliche beim Friedhofsgang zu begleiten und ihnen von den Menschen, die auf dem Friedhof begraben sind, zu erzählen; von ihren Erfahrungen mit dem Tod und ihren persönlichen Fragen und Gedanken, von ihrem Glauben. Führen Sie mit ihnen ein Vorgespräch.

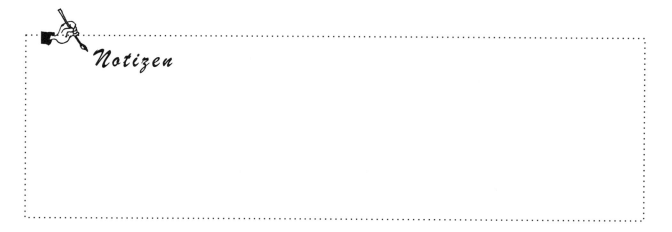

Verlaufsplan		
Zeit	*Schritt*	*Material*
10–15	**Ankommen: Brotrunde – Wenn wir das Leben teilen** Die Jugendlichen treffen sich mit den älteren Menschen bei ihrem/r Firmkatechet/in. Alt und Jung stellen sich einander vor und machen miteinander die Brotrunde. Alle erzählen einander zu den Impulsen: Wie es mir gerade geht. – Woher ich heute komme. – Was mich gerade freut, ärgert, beschäftigt. Danach gehen sie gemeinsam zum Friedhof. Das Jugendbuch wird mitgenommen.	Baguette JB
30	**Auf dem Friedhof – Erinnerung an Verstorbene** ● Gehen Sie miteinander durch die Grabreihen. ● Verweilen Sie an einem geeigneten Ort und lesen Sie dabei die Geschichte »Schädelbruch«. **Gespräch** – Kenne ich das aus eigener Erfahrung: plötzlicher Tod in der Familie, von Bekannten oder Freunden? ... – Welche Gedanken, Fragen, Erinnerungen und Gefühle habe ich dabei?	JB S. 52–53
30	**Gräber wahrnehmen – Gräber künden vom Leben** ● Jeweils 2 oder 3 Jugendliche gehen mit einem der älteren Menschen weiter durch die Grabreihen. ● Vereinbaren Sie zuvor Zeit und Ort (z. B. am Friedhofsausgang/an der Friedhofskapelle), wann und wo sie sich wieder treffen. ● Sie betrachten Grabsteine und werden aufmerksam auf Symbole, Schriftzüge, Geburts- und Sterbejahr, Blumen, häufig und selten besuchte Gräber usw. ● Verweilen Sie miteinander bei ihnen bekannten Gräbern. ● Deuten Sie miteinander die Symbolik der Grabsteine und Gräber, z. B. – *Grabsteine*: besondere Form, z. B. aufgeschlagenes Buch (Im Buch des Lebens verzeichnet sein) – *Grabinschriften*: Texte deuten das Leben der Verstorbenen – *Weihwasser*: Erinnerung an die Taufe, Zeichen des Segens – *Grablicht*: »Der Herr ist mein Licht und mein Heil« (Psalm 26,1) – *Kreuz*: »Wenn wir mit Christus gestorben sind, werden wir auch mit ihm leben« (2 Timotheus 2,11) – *Kranz*: »Sei treu bis in den Tod, ich werde dir den Kranz des Lebens geben« (Offenbarung 2,10) – *Hände*: »In deine Hände lege ich voll Vertrauen meinen Geist« (Psalm 31,6) – *Ähre*: »Wenn das Weizenkorn nicht stirbt, bringt es keine Frucht« (Johannes 12,24) – *Ölzweig*: Sinnbild für Lebensfülle und Frieden (Genesis 8,6–11) – *Sonne mit Kreuz*: Erinnerung an den Ostermorgen – *Immergrüne Pflanzen*: Sinnbild für ewiges Leben	

15	 **LITURGIE:** **Meine Zeit steht in deinen Händen**	
	Schließen Sie den Friedhofsgang, wenn möglich, in der Friedhofskapelle ab.	
	– Denken Sie gemeinsam an die Verstorbenen, an diejenigen, die jemand kannte, an verstorbene Angehörige der Jugendlichen und ältere Menschen, an jene, an die sich niemand mehr erinnert. – Schriftwort: Im Buch der Offenbarung, dem letzten Buch der Bibel, steht geschrieben: »*Gott wird alle Tränen von ihren Augen abwischen. Der Tod wird nicht mehr sein, keine Trauer, keine Klage, keine Mühsal. Denn was früher war, ist vergangen*« (Offenbarung 21,4).	Evtl. Bibel (NT)
	– Gemeinsames Gebet: Vaterunser	JB S. 50
	– Lied: Meine Zeit steht in deinen Händen	JB S. 67
	– Segensbitte: Gott segne und behüte uns. Gott begleite uns durch jeden Tag unseres Lebens. Wenn unser Leben in dieser Welt zu Ende geht, halte du, Gott, uns in deinen bergenden Händen. Amen.	

Weitere Anregungen zum Thema finden Sie:

Handreichung »Ich glaube«, Einheiten 7 und 8: HR S. 224–258
Jugendbuch »Ich glaube«, Einheiten 7 und 8: JB S. 52–67

Zum persönlichen Einstieg

Zur Credoaussage: »... gekreuzigt, gestorben und begraben« (Einheit 7)

A	Die Passion Jesu	HR S. 226
B	Bilder der Passion	HR S. 226
C	Situationen von Leid in der Firmgruppe	HR S. 226

Zur Credoaussage: »... auferstanden von den Toten« (Einheit 8)

A	Das Weizenkorn muss sterben	HR S. 243
B	Zeugnisse der Auferstehung	HR S. 244
C	Friedhofsgang	HR S. 244

Theologische Hintergründe

Der Rosenberger Altar von Sieger Köder: Passionsbilder	HR S. 227-228
Der Rosenberger Altar: Bilder zu den Festzeiten des Kirchenjahres	HR S. 245-246

Wenn Sie mit den Jugendlichen auf die Thematik dieses Treffens einen besonderen Schwerpunkt legen wollen, eignen sich folgende Bausteine:

Bausteine aus Einheit 7

1	Leiden heute *Not und Leid in unseren Tagen*	HR S. 229
2	Die Passion Jesu	HR S. 230
3	Zwischen Karfreitag und Ostermorgen *1. Teil der Betrachtung des Rosenberger Altars*	HR S. 233
4	Zerstörte Hoffnung: Juana – das Schicksal einer Frau *ergänzend: Lea Ackermann (Einheit 13, Baustein 2: HR S. 334, JB S. 98)*	HR S. 234
5	Hoffnungslosigkeit aufbrechen: Vicente Menchú und Rigoberta Menchú Tum *ergänzend: Ita Ford (Einheit 15, Baustein 3: HR S. 385, JB S. 118)*	HR S. 237

Treffen 5

Bausteine aus Einheit 8

1	Mitten im Leben vom Tod umfangen *Sterben und Tod*	HR S. 247
2	Gräber künden vom Leben *Friedhofsgang*	HR S. 248
3	Vom Licht des Auferstandenen *2. Teil der Betrachtung des Rosenberger Altars*	HR S. 251
4	Die Osterkerze – Zeichen neuen Lebens *Deutung des Symbols der Osterkerze. Besonders geeignet in der vorösterlichen Zeit, verbunden mit verschiedenen Aktionen*	HR S. 253
5	Wenn die Rose von Jericho blüht – eine Meditation *Für eine Frühschicht, einen Besinnungstag*	HR S. 255

Treffen 6

Ich glaube
an den Heiligen Geist (I)

Sehnsucht nach Freiheit und Frieden

Der Heilige Geist schenkt Freiheit und Frieden. Seit der Geschichte von der Sintflut gilt die Taube als Sinnbild der Versöhnung und als Symbol des Friedens (vgl. Genesis 8). Im Neuen Testament ist die Taube Zeichen für den Heiligen Geist (vgl. Matthäus 3,16).

Pablo Picasso (1881–1973) hat 1959 eine Zeichnung für das Plakat »Amnestie« des nationalen Komitees zur Unterstützung der Opfer Francos geschaffen. Damit wurde die Taube zum Symbol der Friedensbewegung und somit auch zum Symbol der Befreiung. Das Bild ermöglicht vielerlei Assoziationen zu den unterschiedlichen Entfaltungen menschlicher Freiheit und des Friedens. Es regt dadurch auch an, nach dem Wirken des Geistes in unseren Tagen zu fragen. Die Antrittsrede Jesu zu Beginn seines öffentlichen Wirkens (vgl. Lukas 4) führt diesen Gedanken weiter. In Verbindung mit Picassos Plakat ist sie Impulsgeberin für dieses Gruppentreffen. Die Jugendlichen werden ermutigt, selbst »Werkzeug des Friedens« zu sein.

Notizen

Verlaufsplan

Zeit	Schritt	Material
10	**Ankommen: Brotrunde – Wenn wir das Leben teilen** Die Jugendlichen erzählen einander zu den Impulsen: Wie es mir gerade geht. – Woher ich heute komme. – Was mich gerade freut, ärgert, beschäftigt.	Baguette
15	**Bilderschließung: Picasso** Die Jugendlichen betrachten das Bild und äußern spontane Eindrücke. – Was sehe ich? – Was empfinde ich? Gehen Sie anschließend auf einzelne Elemente des Bildes näher ein. – Was sehen die Augen? – Welche Gedanken gehen diesem Menschen durch den Kopf? – Was vermutet ihr, woran er denkt? Wovon träumt er vielleicht? – Was drücken die Hände aus? – Welche Botschaft bringt die Taube mit? – Welchen Titel würdet ihr dem Bild geben?	JB S. 79
15	**Gestaltung: Bild kolorieren** Die Jugendlichen gestalten das Bild mit Farbe weiter. Sie überlegen dabei, welche Farben am besten die besprochenen Eindrücke verstärken können.	Wachsmalstifte oder kräftige Buntstifte
15	**Texterschließung: Der Geist des Herrn ruht auf mir (Lukas 4,14–19)** ● Der Text wird gelesen. ● Impuls: »Jesu sagt zu Beginn seines öffentlichen Auftretens klar, dass wir an seinem Handeln erkennen können, wie der Geist Gottes wirkt. Die Worte Jesu sind wie ein Kommentar zum Bild von Picasso.« ● Die Karten mit den Begriffen werden paarweise entsprechend dem biblischen Text gelegt: arm – gute Nachricht, gefangen – Entlassung, blind – Augenlicht, zerschlagen – Freiheit. ● Sammeln Sie mit den Jugendlichen Beispiele für solche Erfahrungen. Diese können aus dem persönlich Bereich sowie aus Politik, Kirche und Gesellschaft stammen. Sprechen Sie miteinander darüber.	JB S. 84 Vorbereitete Karten mit den nebenstehenden Begriffen
10	**Wenn mein Glaube Hand und Fuß bekommt** Das Gebet »Mach mich zu einem Werkzeug deines Friedens« ermutigt dazu, sich von Gott rufen zu lassen. Es ist ein Bittgebet. Laden Sie die Jugendlichen ein, sich auf ein Beten in Gebärden einzulassen. 1. Sie stellen sich im Kreis auf. Alle sind zur Mitte gerichtet. 2. Dann sprechen Sie einmal allein »O Herr, mach mich zu einem Werkzeug deines Friedens«. 3. Anschließend wiederholen Sie die Gebetszeile langsam und vollziehen dazu gleichzeitig die Gebärden. Wiederholen Sie die Gebärden. Die Jugendlichen machen nun mit. 4. Sprechen Sie das Gebet weiter ohne Gebärden. Alle stehen dabei. Die Hände sind über der Brust gekreuzt. 5. Anschließend folgt noch einmal die erste Gebetszeile mit Gebärden. 6. Die Jugendlichen vollziehen die Gebärden noch ein paar Mal für sich.	JB S. 88–89 Evtl. CD-Player und CD: Der Himmel in dir. Einübung ins Körpergebet, München (Kösel) 2001; Track 12 (Friedensgebet: O Signore)
5	**Worte wie Schlüssel** Die Jugendlichen wählen einen Satz des Gebets für die kommende Woche aus, um damit Erfahrungen zu machen (oder aus JB S. 81).	JB S. 88–89 Evtl. JB S. 81

Weitere Anregungen zum Thema finden Sie:

Handreichung »Ich glaube«, Einheiten 10 und 11: HR S. 278–308
Jugendbuch »Ich glaube«, Einheiten 10 und 11: JB S. 76–89

Zum persönlichen Einstieg

Aus Einheit 10

| A | Der Geist des Herrn erfüllt das All | HR S. 279 |
| B | Atme in mir, Heiliger Geist | HR S. 280 |

Aus Einheit 11

A	Ich glaube an den Heiligen Geist	HR S. 293
B	Der Heilige Geist stärkt mich, damit ich mich entfalte	HR S. 294
C	Mach mich zu einem Werkzeug deines Friedens	HR S. 294

Theologische Hintergründe

| Ich glaube an den Heiligen Geist | HR S. 281 |

Wenn Sie mit den Jugendlichen auf die Thematik dieses Treffens einen besonderen Schwerpunkt legen wollen, eignen sich folgende Bausteine:

Bausteine aus Einheit 10

1	Erde, Wasser, Luft und Feuer *Die Lebenselemente als Bilder für den Heiligen Geist*	HR S. 281
2	Die Wunder von damals müssen's nicht sein *Der Pfingstbericht der Apostelgeschichte*	HR S. 283
3	Atme in mir, Heiliger Geist *Eine Atemübung*	HR S. 286
4	... muss die Freiheit wohl grenzenlos sein *Ein Bild der Befreiung*	HR S. 287
5	Mauern überwinden *Erlebnispädagogische Gruppenübung*	HR S. 288

Treffen 6   45

Bausteine aus Einheit 11

1	Der Funke springt über *Begeisterung für Musik und Sport und die Erfahrung des Heiligen Geistes*	HR S. 295
2	Vom Geist ergriffen *Zugang zum Bibeltext Lukas 4,14–19*	HR S. 297
3	Die Fülle der Gaben des Geistes für die eine Welt	HR S. 299
4	Typisch Mann – typisch Frau: Wie wir gut miteinander umgehen können	HR S. 301
5	Mach mich zu einem Werkzeug deines Friedens *Einübung ins Beten*	HR S. 304
6	Die Kraft, die Leben schafft: Ruach Gottes *Ein Baustein für Mädchen*	HR S. 305

Treffen 7

Ich glaube an den Heiligen Geist (II)

Gestärkt zum Leben und Glauben

Der Heilige Geist ist nicht wie eine Sache oder ein Gegenstand fassbar; aber in seinen Wirkungen ist der Geist sehr wohl erfahrbar und erkennbar. Dieses Wirken beschreiben die biblischen Texte in den Gaben des Geistes. Es werden in den Texten unterschiedlich viele genannt. Dabei wurden in der christlichen Tradition dem Heiligen Geist sieben Gaben zugeschrieben, die dazu beitragen sollen, dass die Menschen in der Welt gut leben können: Weisheit, Einsicht, Rat, Stärke, Erkenntnis, Gottesfurcht, Frömmigkeit. Die Zahl Sieben will dabei nicht eine Beschränkung festlegen. Vielmehr gilt die Sieben als die Zahl der Fülle. Deshalb kam zu den in Jesaja 11,2 erwähnten sechs Gaben des Geistes als siebte die Gabe der Frömmigkeit hinzu. In ihr sind die »Drei« und die »Vier« enthalten. Drei ist die Zahl Gottes, Vier die Zahl der Welt und des Menschen. Sie kennzeichnen also die Fülle von Gott und Welt.

Das Gebet des Bischofs bei der Firmung erbittet die Stärkung der Jugendlichen mit diesen Gaben.

Das Treffen regt an, die Gaben des Geistes in unsere heutige Welt zu übersetzen.

Hinweise zur Vorbereitung

- Bereiten Sie DIN-A3-Plakate in mehreren Farben vor. Falten Sie diese in der Mitte. Schreiben Sie oberhalb der Falzkante auf jedes Plakat eine der Gaben des Geistes: Weisheit, Einsicht, Rat, Stärke, Erkenntnis, Frömmigkeit, Gottesfurcht.
- Probieren Sie die Atemübung selbst einige Male aus.

Notizen

Verlaufsplan

Zeit	Schritt	Material
10	**Ankommen: Brotrunde – Wenn wir das Leben teilen** Die Jugendlichen erzählen einander zu den Impulsen: Wie es mir gerade geht. – Woher ich heute komme. – Was mich gerade freut, ärgert, beschäftigt.	Baguette
10	**Atemübung: Atme in mir, Heiliger Geist** – Wir setzen uns so auf den Stuhl, dass wir die Füße hüftbreit aufstellen können. Drückt die Füße fest am Boden an. So sind wir verankert und die Wirbelsäule ist über das Becken bis zum Nacken aufgerichtet. Jetzt hat der Atem Raum und kann schwingen. – Wir stellen die Nase in Riechstellung, so als wollten wir an einer Blume schnuppern. So können wir deutlich das Einströmen der Luft wahrnehmen. – Jetzt langsam die Luft ausströmen lassen, evtl. mit weichem Sch – h – h – h. (Dieser Vorgang kann dreimal wiederholt werden.) Jetzt nehmen wir zur Unterstützung noch die Arme dazu. – Arme in Schulterhöhe locker vorstrecken und anwinkeln (1). – Während der Einatmung sich öffnen, dabei Arme und Hände zur Seite führen; wahrnehmen, wie sich der Brustkorb weitet (2). – Während der Ausatmung führen wir die Hände in Schulterhöhe langsam zusammen (1). – Wieder nehmen wir die Arme zur Seite, werden weit, lassen den Atem wieder langsam einströmen, atmen langsam aus und führen die Hände wieder zusammen (2). – »Atme in mir, Heiliger Geist.« Beim Einatmen denkt »Atme in mir« (1), beim Ausatmen »Heiliger Geist« (2). – (Noch einmal vorsprechen:) Atme in mir – Heiliger Geist – Jetzt jede und jeder im eigenen Rhythmus. – Nach etwa acht- bis zehnmal zum Schluss kommen und Arme hängen lassen, locker neben dem Körper schlenkern.	1 2
35	**Die Fülle der Gaben des Geistes ...** ... wird in sieben Beschreibungen ausgefaltet: *Weisheit:* die Unterscheidungsgabe zwischen Wichtigem und Unwichtigem. *Einsicht:* Erlebnisse und Erfahrungen verstehen und deuten. *Rat:* die Fähigkeit, Zusammenhänge zu verstehen und Menschen einen guten Rat geben zu können. *Stärke:* Durchhaltevermögen, Belastbarkeit bei Schwierigkeiten und Rückschlägen, um Enttäuschungen verkraften zu können, Frustrationstoleranz. *Erkenntnis:* Mut zum Fragenstellen, Ergründen und tieferes Verstehen meiner Umwelt, der Welt und meiner selbst. *Gottesfurcht:* Staunen vor der Größe Gottes. *Frömmigkeit:* mit Gott rechnen, aus der Verbindung mit Gott leben. Die Gabe der Frömmigkeit umfasst alle Gaben als Grundhaltung des Menschen als Geschöpf Gottes. **Bibel: Jesaja 11,2** Der Text wird vorgetragen.	JB S. 84

	Schreibmeditation ● Legen Sie die gefalteten DIN-A3-Plakate im Raum so aus, dass die jeweilige Gabe zu sehen ist (s. Skizze). ● Die Jugendlichen schreiben ihre Gedanken, die ihnen zur jeweiligen Gabe einfallen, auf diese Plakathälfte. Dabei wird nicht gesprochen. Lassen Sie ca. 10 Minuten Zeit. Spielen Sie meditative Musik ein. **Auswertung** – Wie erging es mir? – Wo ist mir schnell etwas eingefallen? – Wo tat ich mir schwer? – Mit welcher Gabe kann ich etwas anfangen? – Was ist mir wichtig und wertvoll?	Vorbereitete gefaltete Plakate (Gaben des Geistes) Stifte Musik
25	**... für die Menschen und die Welt von heute** ● Die Plakate werden auseinander gefaltet und in Kreisform gelegt (s. Skizze). ● Die Jugendlichen beraten miteinander, wo und wie die Gaben des Heiligen Geistes für unsere heutige Zeit wichtig sind. Blättern in Tageszeitungen kann dabei anregend sein. ● Sie schreiben Stichworte aus dem Gespräch auf die untere Plakathälfte.	Plakate (s. o.) Stifte, Tageszeitungen
5	**Wenn mein Glaube Hand und Fuß bekommt** Die Jugendlichen notieren einzelne Gedanken und Gaben, die ihnen wichtig geworden sind, im JB S. 85.	JB S. 85
5	**Worte wie Schlüssel** Die Jugendlichen wählen sich im Sinn der »Worte wie Schlüssel« eine dieser notierten Gaben aus, die sie in der kommenden Woche im Alltag bewusst entdecken möchten, von der sie sich stärken lassen wollen.	Eigene Notizen JB S. 85
3	**Abschluss: Segen – Einander stärken** Die Jugendlichen stehen im Kreis. Die rechte Hand wird auf den Rücken des rechten Nachbarn oder der rechten Nachbarin gelegt. Sprechen Sie folgendes Segensgebet: Der Geist der Weisheit und der Einsicht, der Geist des Rates und der Stärke, der Geist der Erkenntnis und der Gottesfurcht, der Geist der Frömmigkeit sei mit uns. Amen. *Hinweis:* *Findet die Liturgische Feier in Verbindung mit dem Gruppentreffen statt, dann entfällt der Segen. Er ist dann Bestandteil der Liturgie.*	
	LITURGISCHE FEIER An das Treffen anschließend oder zwischen Treffen 7 und 8 steht die Liturgische Feier »*Gott stärke dich – Stärkungsritual: Salbung*« (S. 90–92).	

Weitere Anregungen zum Thema finden Sie:

Handreichung »Ich glaube«, Einheiten 10 und 11: HR S. 278–308; Einheit 13: HR S. 327–355; Einheit 15: HR S. 378–388

Jugendbuch »Ich glaube«, Einheiten 10 und 11: JB S. 76–89 sowie Einheit 13: JB S. 98–105

Ausführliche Hinweise aus den Einheiten 10 und 11: vgl. Arbeitshilfe, Treffen 6, S. 45–46

Zum persönlichen Einstieg

Aus Einheit 13

A	Wenn der Himmel die Erde berührt	HR S. 329
B	Heilige des Alltags – Menschen mit Profil	HR S. 329

Aus Einheit 15

A	Glaubwürdige Menschen	HR S. 379
B	Vom Glauben getragen	HR S. 379
C	Mit Jugendlichen auf dem Weg	HR S. 379

Theologische Hintergründe

Die Heiligen sind im Kommen	HR S. 330–331
Amen – Wenn der Glaube Hand und Fuß bekommt	HR S. 380–381

Wenn Sie mit den Jugendlichen auf die Thematik dieses Treffens einen besonderen Schwerpunkt legen wollen, eignen sich folgende Bausteine:

Bausteine aus Einheit 13

1	Sabriye Tenberken *Die blinde junge Frau reist nach Tibet und gründet Schulen für blinde Kinder*	HR S. 332
2	Lea Ackermann *Sie tritt für Frauenrechte ein und wird von vielen »Schwester Courage« genannt*	HR S. 334
3	Martin von Tours	HR S. 337
4	Es gibt keine Fremden, nur Menschen, denen ich noch nicht begegnet bin	HR S. 344
5	Menschen mit Profil	HR S. 349
6	Möglichkeiten meines Christseins entdecken	HR S. 350

Treffen 8

... Katholische Kirche, Gemeinschaft der Heiligen

Gesicht zeigen

In unserer Lebensgeschichte begegnen uns Menschen, die unseren eigenen Weg geprägt und unser Verhalten, unsere Ideale und unsere Lebensweise positiv beeinflusst haben. Es sind Menschen, in deren Persönlichkeit wir Züge entdecken, die hilfreich und beispielhaft für uns und für andere sind. In der Entwicklung Jugendlicher spielen solche Menschen eine bedeutende Rolle. Sie helfen den eigenen Standort und die eigene Lebensausrichtung zu klären.

Dabei geht es nicht nur darum, etwas zu tun, weil es jemand so gesagt hat. Es geht darum, dass jede und jeder selbst sieht und spürt, worauf es ankommt, und selbst Verantwortung für das eigene Handeln oder Nichthandeln übernimmt.

Glaube ist dabei nicht einfach eine Übung in aller Heimlichkeit oder etwas, das für besondere Tage aufpoliert wird. Glaube zeigt sich im Alltag, im gewöhnlichen Leben, in guten wie in schwierigen Zeiten.

Die Sehnsucht nach sinnvollem Leben soll dabei ernst genommen werden und in einer verantworteten Lebensgestaltung ihren Ausdruck finden.

Hinweise zur Vorbereitung

- Einladung einer Person, die überzeugend das Engagement für andere, für eine bessere Gesellschaft lebt: z. B. Mitarbeiter/in in sozialen Aufgaben, in der sozialen Jugendarbeit, in der Pflege, z. B. im Alten- und Pflegeheim, von der Sozialstation, in der Nachbarschaftshilfe, in der Begleitung von Fremden, bei der Feuerwehr, im Umweltschutz, in der Mediation ...
- Die Thematik dieses Treffens kann die Idee der 72-Stunden-Aktion bereichern. Hinweise im Internet: www.72stunden.de (eine Sozialaktion des BDKJ).

Verlaufsplan

Zeit	Schritt	Material
10–15	**Ankommen: Brotrunde – Wenn wir das Leben teilen** Der Gast wird begrüßt. Die Jugendlichen stellen sich vor und die Person stellt sich vor. Alle erzählen einander zu den Impulsen: Wie es mir gerade geht. – Woher ich heute komme. – Was mich gerade freut, ärgert, beschäftigt.	Baguette
15	**Mensch mit Profil – unser Gast** Der/die Eingeladene stellt sein/ihr Aufgabenfeld vor, was er/sie tut, wie er/sie zu dieser Aufgabe gekommen ist, was ihm/ihr diese Aufgabe »Engagement für andere« bedeutet, erzählt von Begegnungen. Jugendliche fragen nach, was sie interessiert, was sie Genaueres wissen möchten. Jugendliche erzählen von eigenen Erfahrungen, wie z. B. vom Engagement für andere Kinder und Jugendliche oder für Erwachsene.	
20	**Darum geht es als Christin und Christ** Erschließung des Schriftbildes »Matthäus 25,34–36« (Profilkopf) ● Betrachten Sie zusammen das Profil. ● Eine/r liest den Text vor. ● Zeichnen Sie zwischen den Sätzen jeweils eine Linie so nach außen, dass schließlich das Plakat in fünf Felder eingeteilt ist. Der Platz für die Sätze um Auge und Ohr liegt im Innern des Profils. **Bilderweiterung – Gespräch** Welche Menschen und Initiativen fallen uns zu den einzelnen Feldern ein? Die Jugendlichen schreiben in das entsprechende Feld Initiativen, Verhaltens eisen, Begegnungen, Namen von Menschen, die ihnen einfallen und die sie beeindruckt haben. Dazu gehören kirchliche und andere Initiativen. Eigene Erfahrungen der Jugendlichen (s. o.) können hier aufgegriffen werden. Dazu gehören außerdem Beispiele aus der Familie, aus dem Bekannten- und Freundeskreis ebenso wie aus der Begegnung mit Fremden, aus dem Miteinander der Generationen ... Das Jugendbuch S. 105 kann ebenfalls Anregungen geben.	JB S. 104 Vergrößerte Kopie des Profilkopfes JB S. 105
10	**Was zum Engagement motiviert** Engagement ist nicht selbstverständlich und doch sehr notwendig und bereichernd. Überlegen Sie gemeinsam mit den Jugendlichen, wie unsere Gesellschaft, unser Umfeld aussehen würde, wenn all dieses Engagement wegfallen würde; wie, wenn sich sehr viele engagieren. Die Jugendlichen, der eingeladene Gast und Sie als Firmkatechet/in können dabei auch von eigenen Motiven erzählen. *Impuls* – Was bewegt Menschen, sich in dieser Weise zu engagieren? – Was bewegt euch/uns, dass ihr euch/wir uns für andere einsetzt/einsetzen?	

30	**Wenn mein Glaube Hand und Fuß bekommt** Die Jugendlichen lesen den Brief von Ita Ford an ihre 16-jährige Nichte so, als wäre er an sie selbst geschrieben. Dabei können Gedanken, die den Jugendlichen wichtig sind, unterstrichen werden. ● Geben Sie den Jugendlichen anschließend Gelegenheit zu sagen, was der Brief in ihnen ausgelöst hat. ● Lesen Sie dann folgenden Textabschnitt noch einmal vor: »Ich wünsche dir, dass du die Wahrheit findest … Etwas, für das es sich zu leben lohnt … und das dir Mut macht voranzugehen. Ich kann dir nicht sagen, was das für dich sein könnte. Du musst es selbst entdecken, dich dafür entscheiden und dich darauf einlassen.« **Meine Spur finden – Mein persönliches Profil** ● Der Umriss des rechten oder linken Fußes wird aus Papier ausgeschnitten. ● Jede und jeder geht für sich still der eigenen Lebensspur nach und überlegt, wofür er oder sie sich einsetzen will. *Impuls* ● »Du kennst deine Fähigkeiten und Interessen. Was könnte deine Spur sein, wenn du an deine Zukunft denkst? Was könnte für die nächste Zeit deine Spur sein, für die du dich einsetzen willst, zu Hause, im Freundeskreis, in der Klasse, in …?« ● »Schreibe in deine Fußspur, was dir schon klar ist. Vielleicht beschäftigt dich der Gedanke schon eine Zeit lang und lässt dich nicht los. Anderes ist vielleicht noch undeutlich, du hast lediglich eine Idee oder es beschäftigt dich eine Frage. Dann notiere dies ebenfalls.« ● »Es tut gut Menschen zu haben, mit denen wir über diese Dinge sprechen können. Überlege, ob du jemanden kennst, notiere den Namen dieses Menschen deines Vertrauens dazu (z. B. Freunde/Freundinnen, Tauf-/Firmpate/in). Führe in den nächsten Tagen/Wochen ein Gespräch mit ihm oder ihr.« **Mitteilungsrunde** ● Schließen Sie die Einzelbesinnung mit einer Mitteilungsrunde ab: – Wie ist es mir mit meinen Gedanken ergangen? – Was ist mir besonders wichtig? – Bei welchen Fragen bin ich mir noch unsicher? – Was beschäftigt mich schon länger? ● Die Fußspur wird im Jugendbuch S. 117 eingeklebt. *Hinweis:* *Wird die Liturgie S. 93–96 gefeiert, werden die Fußspuren erst danach eingeklebt.* ● Zum Abschluss kann die Geschichte »Spuren im Sand« vorgelesen werden.	JB S. 118 JB S. 117 JB S. 119
5	**Worte wie Schlüssel** Die Jugendlichen bekommen das Bibelwort »*Fürchte dich nicht*« als Impuls mit auf den Weg. Sowohl im Alten wie im Neuen Testament findet sich dieser Vers häufig in unterschiedlichsten Situationen, um den Menschen den Blick nach vorn zu öffnen und sie zu ermutigen.	
	LITURGISCHE FEIER Zwischen Treffen 8 und 9 steht als gemeinsame Feier aller Jugendlichen die Liturgie »*Ich bin getauft – Ich werde getauft – Tauferinnerung – Feier der Zulassung zu den Sakramenten des Christwerdens*« (S. 93–96).	

Weitere Anregungen zum Thema finden Sie:

Handreichung »Ich glaube«, Einheit 12: HR S. 309–326; Einheit 13: HR S. 327–355; Einheit 15: HR S. 378–388

Jugendbuch »Ich glaube«, Einheit 12: JB S. 90–97; Einheit 13: JB S. 98–105; Einheit 15: JB S. 114–119

Zum persönlichen Einstieg

A	Wenn der Himmel die Erde berührt	HR S. 329
B	Heilige des Alltags – Menschen mit Profil	HR S. 329
C	Glaubwürdige Menschen	HR S. 379
D	Vom Glauben getragen	HR S. 379

Theologische Hintergründe

| »Die Heiligen sind im Kommen« | HR S. 330–331 |

Wenn Sie mit den Jugendlichen auf diese Thematik dieses Treffens einen besonderen Schwerpunkt legen wollen, eignen sich folgende Bausteine:

Aus Einheit 2

| 5 | Was ich einmal werden möchte
Berufswahl | HR S. 117 |

Aus Einheit 12

1	Wo ist mein Platz?	HR S. 313
2	Als Reporter/in unterwegs	HR S. 315
4	Gemeinde/Kirche ist wie ein Gewebe	HR S. 320
5	Wir machen unsere Kirche jung – Ich mache mit	HR S. 322

Aus Einheit 13

Vgl. Treffen 7, AH S. 50.

Die Bausteine leiten zur Auseinandersetzung mit verschiedenen Lebensgeschichten an. Sie provozieren das Nachdenken über die persönliche Lebensperspektive (z. B. Fragen der Berufswahl und Zukunftsgestaltung). Sie sind sowohl für ein Wochenende als auch für einen Besinnungstag geeignet.

Aus Einheit 15

| 2 | Wenn mein Glaube Hand ... – Ich halte mich fest an ... | HR S. 383 |
| 3 | ... und Fuß bekommt – Ich will eintreten für ... | HR S. 385 |

Treffen 9

... Vergebung der Sünden

Ich tue, was ich nicht will – Führe mich in der Versuchung

Ansehen haben und dazu gehören, Macht haben und frei sein, mein Leben und meine Aufgaben gestalten können, Besitz haben und sich etwas leisten können – das sind Urwünsche und Sehnsüchte der Menschen, die immer zugleich auch Versuchungen sind. Diese Versuchung zeigt sich z. B. in der Erfahrung, etwas zu tun, das man eigentlich nicht will. Irgendetwas oder irgendwer hat mich verleitet anders zu handeln, als ich mich entschieden hatte.

Diese Erfahrung und die Versuchungen, die damit verbunden sind, sind in die Geschichte von der Versuchung Jesu (Matthäus 4,1–11) aufgenommen. An Jesu Verhalten kann abgelesen werden, dass es Möglichkeiten gibt, Versuchungen standzuhalten bzw. mit ihnen zu leben. Jesus wird versucht, auf sich allein zu setzen, aus Steinen Brot zu machen, sich selbstmächtig am Leben zu erhalten. Sein Gegenspieler will ihn glauben machen, dass er erst dann seine wahre Größe erreichen werde. Jesus jedoch hält sich an Gott. Besitz, Macht und Ansehen – all das ist gut, solange wir Gott Gott sein lassen, solange er als Geber dieser Gaben anerkannt wird.

So geht es darum, Jugendliche anzuregen, sich ihre Grundausrichtung für ihr Leben bewusst zu machen. Sie tauschen sich darüber aus, was ihnen besonders wichtig und wertvoll erscheint, das sie dann auch standhalten lässt. Das Treffen kann gleichzeitig auf die Feier der Versöhnung einstimmen, die in vielen Gemeinden im Rahmen der Firmvorbereitung angeboten wird. Anregungen dazu finden Sie in der Handreichung »Ich glaube«, Einheit 14: HR S. 372–374 (siehe auch Liturgische Feier »Ihr seid das Salz der Erde«, S. 97–101).

Hinweise zur Vorbereitung

Die (DIN-A4-)Karten mit je einem der folgenden Sätze beschriften:

- Die heutigen Versucher-Aussagen (Weiße Karten)
  - »*Haste was, dann biste was.*«
  - »*Ich darf alles, was ich kann.*«
  - »*Du bekommst alles von mir, Hauptsache, du lässt mich nicht hängen.*«

- Die Versucher-Aussagen (Weiße Karten)
  - »*Wenn du der Sohn Gottes bist, so befiehl, dass aus diesen Steinen Brot wird.*«
  - »*Wenn du der Sohn Gottes bist, so stürz dich hinab.*«
  - »*Das alles will ich dir geben, wenn du dich vor mir niederwirfst und mich anbetest.*«

- Die Schriftzitate Jesu (Orangefarbene Karten)
  - »*Der Mensch lebt nicht vom Brot allein, sondern von jedem Wort, das aus dem Mund Gottes kommt.*«
  - »*Du sollst den Herrn, deinen Gott, nicht auf die Probe stellen.*«
  - »*Vor dem Herrn, deinem Gott, sollst du dich niederwerfen und ihm allein dienen.*«

Verlaufsplan

Zeit	Schritt	Material
10	**Ankommen: Brotrunde – Wenn wir das Leben teilen** Die Jugendlichen erzählen einander zu den Impulsen: Wie es mir gerade geht. – Woher ich heute komme. – Was mich gerade freut, ärgert, beschäftigt.	Baguette
30	**Alles nur Show – oder: Ich tue, was ich nicht will** Lisas Tagebuchaufzeichnungen »Alles nur Show« werden gelesen. **Gespräch** – Welche Erfahrungen macht Lisa? – Wovon lässt sie sich leiten? Auf welchen Trend ihrer Gruppe ist sie ungewollt abgefahren? – Wie bewertet sie ihre Worte und ihr Verhalten im Nachhinein? **Zweiergespräch** – Welche ähnlichen Situationen kennt ihr? – Wann seid ihr in der Versuchung, etwas anderes zu tun oder zu denken, als ihr eigentlich wollt? – Welche Sätze oder Slogans, z. B. aus der Werbung, aus dem Freundeskreis ..., kennt ihr, die euch beeinflussen? – Wie geht ihr damit um? Die Jugendlichen notieren wichtige Stichworte auf gelben Kärtchen. **Zusammentragen** Die Erkenntnisse aus den Zweiergesprächen werden zusammengetragen.	JB S. 20–21 Gelbe Kärtchen Stifte
10	**Was zählt – von Wünschen, Sehnsüchten und Versuchungen** Führen Sie mit den heutigen »Versuchungs«-Sätzen ein. Die Karten werden dabei in die Mitte gelegt. Die Jugendlichen sortieren ihre Kärtchen zu den einzelnen Aussagen.	Vorbereitete beschriftete weiße Karten
25	**Biblische Vertiefung: Führe mich in der Versuchung (Matthäus 4,1–11)** ● Die Geschichte von der Versuchung Jesu wird gelesen. ● Eindrücke zur Geschichte sammeln. ● Die Versucheraussagen (Verse 3, 6, 9) und die Schriftzitate Jesu (Verse 4, 7, 10) werden im Gespräch den bereits liegenden Karten zugeordnet. ● *Impulse zur Weiterführung:* Jesus sagte, warum er das eine tun, das andere lassen will. – Was gibt mir Widerstandskraft? – Gibt es eine Grundentscheidung: Was will ich? Welche Vorstellung habe ich vom Leben? – Wofür will ich mich einsetzen? – Gibt es etwas, woran ich mich orientieren und rückbinden kann; etwas, das mir Halt gibt?	Bibeln Vorbereitete weiße und orangefarbene Karten

10	**Wenn mein Glaube Hand und Fuß bekommt** Versuchungen sind nicht nur schwer auszuhalten. An ihnen kann ich auch wachsen und reifen, wenn ich sie zum Anlass nehme, mich und meine Ich-Stärke zu entwickeln. **Körperübung: Der Versuchung widerstehen** ● Die Jugendlichen probieren aus, welche Körperhaltungen dem Widerstehen-Können bei Versuchungen entsprechen könnten. ● Die Jugendlichen nehmen sich vor, in der nächsten Zeit auf Versuchungen zu achten und mit Hilfe von Körperhaltungen bewusst zu widerstehen.	
5	**Worte wie Schlüssel** Die Jugendlichen wählen aus JB S. 15 ein Wort für die kommende Woche aus.	JB S. 15
	LITURGISCHE FEIER In Verbindung mit dem Treffen steht die Liturgische Feier »*Ihr seid das Salz der Erde – Stärkungsritual: Entschieden den Weg des Glaubens gehen*« (S. 97–101).	

Weitere Anregungen zum Thema finden Sie:

Handreichung »Ich glaube«, Einheit 14: HR S. 356–377
Jugendbuch »Ich glaube«, Einheit 14: JB S. 106–113

Zum persönlichen Einstieg

| »Je ne regrette rien« (Edith Piaf) HR S. 358 | HR S. 358 |

Theologische Hintergründe

| Sünde ist »Hineinverkrümmtsein des Menschen in sich selbst« | HR S. 360 |

Wenn Sie mit den Jugendlichen auf die Thematik dieses Treffens einen besonderen Schwerpunkt legen wollen, eignen sich folgende Bausteine:

1	Ich tue, was ich nicht will	HR S. 360
2	Führe mich in der Versuchung	HR S. 362
3	Bei uns kracht es, wenn ... – Leicht gesagt, schwer getan: Versöhnung im Alltag	HR S. 364
4	Stehst du zu mir, dann kann ich aufrecht gehn – Gott schenkt Vergebung *Ein biblischer Zugang*	HR S. 368
5	Gib mir den Mut mich selbst zu kennen, mach mich bereit zu neuem Tun *Über mein Leben nachdenken*	HR S. 370
6	Ich darf mich meines Lebens freun und andern Grund zur Freude sein *Versöhnungsfeier*	HR S. 372
7	Versöhnung – Balsam für die Seele *Erfahrung von Versöhnung kreativ gestalten*	HR S. 375

darüber hinaus Einheit 2, Baustein 4 (Echt sein): HR S. 116

In den Bausteinen werden die Themenbereiche »Schuldigwerden – Umkehren – Sich versöhnen lassen« angesprochen. Der Akzent liegt darauf, das eigene Leben anzuschauen, für Verhaltensmuster sensibel zu werden, Veränderungsmöglichkeiten zu entdecken und das Angebot Gottes zur Vergebung und zur Versöhnung als Einladung anzunehmen.

Besinnungstag
Die Bausteine eignen sich besonders für einen Besinnungstag oder ein Besinnungswochenende, an dem genügend Zeit zur Verfügung steht. Dabei kann die Einladung zum Sakrament der Versöhnung ausgesprochen werden. Aber auch andere Weisen der Versöhnung sollten möglich sein, etwa das Gespräch mit einem vertrauten Menschen oder eine Versöhnungsfeier (Bußgottesdienst). Lassen Sie sich frühzeitig informieren, was in Ihrer Gemeinde/Seelsorgeeinheit geplant ist/wird.

Versöhnungsfeier in der Firmgruppe
Eine Versöhnungsfeier kann auch in der Kleingruppe gefeiert werden. Als zentrales Element eignen sich Baustein 5 und Baustein 6 in einer der Situation angepassten Form.

Hinweis für Taufbewerber/innen
Für die Taufbewerber/innen ist die Feier der Taufe zugleich die Feier der Versöhnung. Taufe schenkt Vergebung der Sünden und ist damit auch Grundsakrament der Versöhnung. Deshalb gehen die Taufbewerber/innen nicht zur Beichte.

Treffen 10

Sich miteinander auf die Firmung einstimmen

Den Firmgottesdienst vorbereiten

Das zweite gemeinsame Treffen aller Firmjugendlichen hat drei Ziele:
- auf den Weg der Firmvorbereitung zurückschauen und persönlich wichtige Stationen, Situationen, Erfahrungen, Gespräche noch einmal in den Blick nehmen;
- erfahren, wie die Firmung gefeiert wird, und dabei die Verbindung zu Themen und Erfahrungen der Firmvorbereitung herstellen;
- Elemente für den Firmgottesdienst vorbereiten.
  Die Zusammenstellung des endgültigen Gottesdienstplans ist nicht Aufgabe des Treffens, sondern der für die Liturgie Verantwortlichen.

Für die Feier der Firmung sind liturgische Vorgaben zu berücksichtigen, die zum einen von der Liturgie, zum anderen vom firmenden Bischof bzw. Domkapitular ausgehen. Darüber hinaus gilt, dass die Liturgie selbst und darin insbesondere das Gebet für die Jugendlichen, die Handauflegung und die Salbung mit Chrisam eine Wirkkraft haben, die durch die Gestaltung der gesamten Feier unterstützt werden soll. Deshalb ist es wichtig, die Erfahrungen der Jugendlichen und die vorgegebene Liturgie in sinnvoller Weise zu verbinden.
   Die jugendlichen Taufbewerber/innen werden im Firmgottesdienst getauft, gefirmt und nehmen das erste Mal am Mahl Jesu (Eucharistie) teil.

Bei diesem Treffen soll auf jeden Fall der/die Leiter/in der Firmvorbereitung dabei sein. Es ist sinnvoll, den/die Kirchenmusiker/in bzw. verantwortliche Personen für die musikalische Gestaltung des Firmgottesdienstes einzubeziehen.
Wie die Rollen- und Aufgabenteilung aussehen könnte, zeigt der folgende Vorschlag.

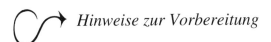
Hinweise zur Vorbereitung

- Sind Taufbewerber/innen dabei: absprechen, dass diese etwas über ihren Vorbereitungsweg berichten (vgl. Rückblick auf die Firmvorbereitung).
- Die Jugendlichen auf den zeitlichen Rahmen des Treffens vorab hinweisen (ca. zweieinhalb bis drei Stunden).
- Beschriftete Wegmarken und Textstreifen aus Treffen 1.

Verlaufsplan

Zeit	Schritt	Material
10–15	**Eintreffen der Jugendlichen und Begrüßung** ● Die Jugendlichen am Eingang persönlich empfangen. ● Wenn alle im Kreis sitzen: gemeinsame Begrüßung durch den/die Leiter/in der Firmvorbereitung oder eine Person des ehrenamtlichen Leitungsteams. ● Überblick über das Treffen geben (siehe folgende Schritte).	Musik
10	**Ankommen: Brotrunde – Wenn wir das Leben teilen** Nach der Begrüßung setzen sich die Jugendlichen in kleinen Gruppen zusammen. Die Jugendlichen erzählen einander zu den Impulsen: Wie es mir gerade geht. – Woher ich heute komme. – Was mich gerade freut, ärgert, beschäftigt. Danach kommen die Jugendlichen wieder im großen Kreis zusammen.	Baguette in Anzahl der Gruppen

Rückblick auf die Firmvorbereitung (und Taufvorbereitung)

3	**Lied: Ich mach Station, Str. 1 und 2**	JB S. 13
10	**Rückblick** Führen Sie etwa so ein: »Es geht heute darum, auf die Wegstrecke ›Firmvorbereitung‹ zurückzuschauen, sich zu vergegenwärtigen, was sich auf diesem gemeinsamen Stück Weg getan hat, was wir gemeinsam bedacht und erlebt haben.« Legen Sie die noch zusammengefalteten Tücher in die Mitte. Einige Jugendliche legen mit diesen einen Weg. Der Weg ist Symbol für die Zeit der Firmvorbereitung. Geben Sie nun die weißen, bereits beschrifteten Wegmarken und die Textstreifen an einzelne Jugendliche weiter. Die Wegmarke »Firmweg-Start« legen Sie zuerst selbst an die Stelle, an der der Weg beginnen soll. Dann legen die Jugendlichen entsprechend ihre weißen Wegmarken auf den Weg. Die Textstreifen am Ende des Weges deuten »Firmung«.	Tücher Beschriftete Wegmarken und Textstreifen aus Treffen 1
30	**Gruppenarbeit** Die Firmkatechet/innen nehmen die verschiedenfarbigen, unbeschrifteten Wegmarken und Stifte in die Gruppen mit. Geben Sie den Jugendlichen 10 Minuten Zeit, in Gedanken einzeln den Weg weiter nachzugehen und Ereignisse, Erfahrungen, ein besonders schönes, wichtiges Treffen usw. zu notieren. Geben Sie dazu folgende Impulse: – Gibt es ein Treffen oder ein schönes Ereignis in dieser Zeit, das besonders wichtig für dich war? – Gibt es ein Bild, einen Text, ein Lied oder eine Geschichte, die dich besonders beeindruckt haben? – Welche Fragen haben dich beschäftigt? – Was ist dir wichtig geworden? – Was ist dir schwer gefallen?	Unbeschriftete, farbige Wegmarken Stifte Jugendbuch

	Sind Taufbewerber/innen dabei: – In welcher Weise seid ihr füreinander wichtig und hilfreich geworden auf eurem Weg zu Taufe und Firmung? Sie erzählen, wie es ihnen ergangen ist. Anschließend stellen die Jugendlichen ihre Wegmarken vor. Dabei kann auch deutlich werden, dass ein Erlebnis von verschiedenen Menschen unterschiedlich wahrgenommen werden kann.	
10	**Großgruppe** Wenn alle fertig geworden sind, legen die Jugendlichen ihre Wegmarken auf dem Firmweg an den Platz, an dem sie zeitlich einzuordnen sind.	
3	**Lied: Ich mach Station, Str. 3 und 4** Fassen Sie den Firmweg zusammen, indem sie die Strophen 1–4 vorträgt. Anschließend werden die Strophen 1 und 4 gemeinsam gesungen.	JB S. 13
10	**Pause**	

Vorbereitungen für den Firmgottesdienst

15	**Die Feier der Firmung** Der/die Leiter/in der Firmvorbereitung stellt die Zeichen der Firmung anhand der Fotos vor, lässt die Jugendlichen Fragen stellen und informiert über den Firmspender.	JB S. 120–121
70	**Planung des Firmgottesdienstes (mit Taufe)** In kurzen Zügen wird die Struktur des Gottesdienstes erläutert und erklärt, was gestaltet werden kann. Dazu finden dann Workshops statt (in Klammern stehen die Begleitpersonen für die jeweilige Gruppe). Es bieten sich an: ● Lieder und Musik (Kirchenmusiker/in zusammen mit einem/zwei Firmkatechet/innen) ● Gebete (Kyrie, Fürbitten) und Texte (Firmkatechet/innen) ● Kollekte: Welches Projekt soll unterstützt werden?, z. B. Partnerschaftsprojekt der Gemeinde, soziale Projekte. Die Jugendlichen entwerfen, wie das Projekt im Gottesdienst vorgestellt wird (Firmkatechet/innen). ● Wir erzählen von unserem Firmweg: Kurzbericht im Gottesdienst, Homepage der Gemeinde, Pfarrbrief ... (Firmkatechet/innen). ● Dankeschön an die Firmkatechet/innen überlegen (Leiter/in der Firmvorbereitung). ● Für die Taufbewerber/innen einen Taufschal gestalten, der ihnen anstatt des Taufkleides über die Schultern gelegt wird.	Jugendbuch, Liederbücher, die in der Gemeinde benutzt werden, Gotteslob, weitere benötigte Informationen, Materialien für Taufschal
	In der Kirche *Vorbereitet durch den/die Leiter/in der Firmvorbereitung.* Vor Ort Hinweise geben, was zu beachten ist, wo der Firmspender zur Firmung steht, Ort der Fürbitten usw.	
	LITURGISCHER ABSCHLUSS Gebet für die Firmjugendlichen Lied: Komm, heil'ger Geist (Gotteslob 241)	z. B. HR S. 86 Gotteslob

Hinweise zum Taufschal

Als Material eignet sich weiße Seide. Auf den Taufschal werden mit für Seide geeigneter Farbe der Name des/der Taufbewerbers/in und das Taufdatum geschrieben. Wenn ein Taufspruch ausgewählt wurde, so wird diese Bibelstellenangabe ebenfalls auf den Schal geschrieben. Durch Symbole kann die Gestaltung des Schals erweitert werden.

Weitere Anregungen zum Thema finden Sie:

Handreichung »Ich glaube«, Einheit 16: HR S. 389–402
Jugendbuch »Ich glaube«, Einheit 16: JB S. 120–125

Zum persönlichen Einstieg

A	Jeder Tag steckt voller Sakramente	HR S. 390
B	Besiegelt durch die Gabe Gottes, den Heiligen Geist	HR S. 390

Theologische Hintergründe

Zum Sakrament der Firmung: Für den, der alles von Gott her betrachtet, ist die ganze Welt ein Sakrament	HR S. 391–392

Wenn Sie mit den Jugendlichen auf die Thematik dieses Treffens einen besonderen Schwerpunkt legen wollen, eignen sich folgende Bausteine:

1	Was mir heilig ist *Zugang zum Thema Sakramente*	HR S. 392
2	Du wirst ein Segen sein: die Handauflegung	HR S. 394
3	Sei besiegelt durch die Gabe Gottes: die Salbung mit Chrisam	HR S. 396
4	Ich wünsche dir ... *Segenstafel – Segensband*	HR S. 399

Treffen 11

Ich gehe meinen Weg weiter

Was ich durch die Feier der Firmung erfahren habe

In der Firmvorbereitung haben sich die Jugendlichen intensiv mit sich selbst, mit dem christlichen Glauben und dem Suchen nach einer Lebensgestaltung aus dem Glauben auseinander gesetzt.

Das Treffen nach der Firmung hat zum Anliegen, auf die Feier der Firmung zurückzuschauen sowie den Blick nach vorn zu richten. Die Jugendlichen sollen die Möglichkeit erhalten noch einmal nachzuspüren, was sie in der Feier des Sakraments erfahren haben, was die Feier in ihnen angerührt und ausgelöst hat. Sie sollen im Blick haben, was ihnen für ihre Zukunft als Christ/in wichtig ist. Dies ist besonders wichtig, wenn Neugetaufte dabei sind.

Vielleicht suchen die Jugendlichen Anschluss an Gruppen in ihrer Gemeinde oder haben Interesse, sich zu engagieren. Für andere stand die Firmung vielleicht im Kontext des Schulabschlusses und der Berufswahl. Die Firmung konnte für den neuen Lebensabschnitt als Stärkung und Ermutigung, Christsein zu leben, erfahren werden.

Die Firmgruppe findet mit diesem Treffen ebenfalls einen Abschluss. Selbstverständlich können neue Vereinbarungen, z. B. sich in regelmäßigen Zeitabständen wieder zu verabreden, getroffen werden. Dieses Treffen kann mit einem Fest in der Gruppe verbunden werden.
Zum Abschlusstreffen gehört eine »Segensfeier« (S. 102–104).

Hinweise zur Vorbereitung

- Vielleicht planen Sie ein gemeinsames Essen, zu dem jede/r etwas mitbringt, oder Sie wandern je nach Jahreszeit miteinander, unternehmen eine Radtour und verbinden diese mit einem Picknick. Treffen Sie mit den Jugendlichen die entsprechenden Vereinbarungen.
- Fotos vom Firmgottesdienst, vom Empfang mit dem Firmenden und von der Feier mit der Familie, das Jugendbuch mitbringen.
- Informationen über Angebote der Gemeinde für die Jugendlichen.

Notizen

Verlaufsplan

Zeit	Schritt	Material
10	**Ankommen: Brotrunde – Wenn wir das Leben teilen** Die Jugendlichen erzählen einander zu den Impulsen: Wie es mir gerade geht. – Woher ich heute komme. – Was mich gerade freut, ärgert, beschäftigt.	Baguette
20	**Was ich durch die Feier der Firmung erfahren habe** Schauen Sie miteinander Fotos vom Tag der Firmung an ... Die Jugendlichen erzählen, was sie besonders beeindruckt hat. Lassen Sie erzählen, was sie empfunden haben. Evtl. besondere Situation »Taufe« berücksichtigen.	Fotos Weitere Erinnerungs-stücke
20	**Ich gehe meinen Weg weiter** Sprechen Sie mit den Jugendlichen darüber, wie ihr Weg als Christen und Christinnen nun weitergehen kann: – Was ihnen für den Alltag wichtig geworden ist, was sie vielleicht weiter gern tun möchten (z. B. Worte wie Schlüssel auswählen), ob sie sich in einer Gruppe engagieren möchten, hin und wieder Angebote wahrnehmen oder selbst initiativ werden. – Wer kann dabei aus der Gemeinde unterstützen bzw. angefragt werden (z. B. Sachausschuss Jugendarbeit, Pfarrjugendleitung)?	
	Miteinander essen	
20	**LITURGISCHE FEIER** Die Segensfeier »*Du sollst ein Segen sein*« finden Sie S. 102–104.	

Kapitel C

Ich möchte gefirmt werden, bin aber noch nicht getauft

Taufvorbereitung Jugendlicher

Ich möchte gefirmt werden, bin aber noch nicht getauft

Taufvorbereitung Jugendlicher

Laura ist 14. Einige ihrer Freundinnen wurden konfirmiert. Sie war beim Gottesdienst. Das hat sie beeindruckt. Im nächsten Herbst soll die Firmvorbereitung ihrer Freundin Susanne beginnen. Da könnte sie doch mitmachen, denkt sie. Lauras Eltern sind katholisch. Sie haben die Einstellung, dass ihre Tochter sich selber für die Taufe entscheiden solle. Jetzt ist es soweit. Laura hat Feuer gefangen. Sie geht zum katholischen Pfarrer und sagt, dass sie getauft werden will. Der Pfarrer überlegt mit Laura, wie sie sich ihre Taufvorbereitung vorstellt. Sie vereinbaren, dass sie mit den anderen den Firmweg geht. Er erzählt ihr vom Katechumenatsweg Erwachsener mit seinen Stufen und Feiern und schlägt vor, diese Feiern zu integrieren. Etwas komisch kommt Laura das vor, aber sie ist bereit sich darauf einzulassen, wenn sie auch mal Nein sagen dürfe.

Im Zusammenhang mit der Firmvorbereitung in Gemeinden und Seelsorgeeinheiten melden sich immer häufiger Jugendliche, die Interesse äußern, getauft zu werden. Es bietet sich an, für diese Jugendlichen den Weg der Firmvorbereitung als Taufvorbereitung zu verstehen und zu gestalten. Dies insbesondere deshalb, weil die Fragen innerhalb der Firmvorbereitung auch die Fragen sind, die sich im Kontext jeder Taufvorbereitung von Jugendlichen und Erwachsenen bzw. im Kontext der Eingliederung in die Kirche stellen:

- Wie kann ich heute als Christin oder Christ leben?
- Wie prägt der christliche Glaube mein Leben?
- Wie lebe ich als Christin oder Christ mit anderen?
- Wie gestalte ich als Christin oder Christ Kirche und Gemeinde?

Was Jugendliche bewegt sich taufen zu lassen

Laura möchte dazugehören, wo die Freund/innen längst dabei sind. Unbewusst spürt sie, dass sie sich damit in »etwas« einordnet, das gut für sie ist. Dazugehören erscheint aus einer weiteren Perspektive wichtig: Angesichts anderer bekennender Religionen in unseren Gemeinden und Schulzimmern, bekommt die Taufe für Heranwachsende ein eigenes Gewicht. Die Taufe als Zugehörigkeit zur christlichen Kirche schafft Identität.

Laura hat durch den Besuch des Religionsunterrichts bereits den christlichen Glauben kennen gelernt und als etwas Wertvolles entdeckt. Sie hat Erfahrungen mit Menschen gemacht, denen Gott und der Glaube etwas bedeuten, und will sich nun selbst auf die Suche machen und vergewissern, ob ein Leben als Christin ihr Weg ist. Dahinter stehen auch die Sehnsucht und das Bedürfnis, angenommen und geachtet zu sein.

Lauras Eltern wollten die Entscheidung über die konfessionelle Zugehörigkeit ihres Kindes zu einer Kirche nicht treffen, sondern die Taufe als freie eigene Entscheidung ihrer Tochter. Andere Eltern haben die Taufe immer wieder aufgeschoben oder konnten sich – selbst unterschiedlichen Konfessionen zugehörig – nicht entscheiden, welcher Kirche ihr Kind angehören soll. Zu den jugendlichen Taufbewerber/innen gehören auch Spätaussiedlerjugendliche und Jugendliche u. a. aus den neuen Bundesländern, die bisher wenig oder keinen Kontakt zu Glaube und Kirche hatten.

Was Taufbewerber/innen und Firmjugendliche verbindet

Getaufte Jugendliche leben nicht anders als Laura. Sie teilen miteinander Freunde, Schule, Freizeitaktivitäten, die Fragen rund um Identität und Erwachsenwerden. Die Voraussetzungen hinsichtlich ihrer religiösen Sozialisation sind in der Regel einander nicht unähnlich.

Für die getauften Jugendlichen ist die Firmvorbereitung Vertiefung und Vergewisserung dessen, was in der Taufe begonnen hat. Auch hier ist noch einmal zu unterscheiden. Die einen hatten kontinuierlichen Kontakt zur Gemeinde und mit dem Glauben; die anderen machen jetzt aus den unterschiedlichsten Motivationen oder aus einem sehr ungeklärten und diffusen religiösen Grundgefühl heraus mit. Nur der kleinere Teil der Jugendlichen, die die Sakramente von Taufe und Eucharistie bereits gefeiert haben, haben eine kontinuierliche religiöse Sozialisation durch die Bemühungen von Familie und Gemeinde erfahren und gelebt.

Für die Taufbewerberin Laura bedeutet die Firmvorbereitung Einführung in den Glauben und in das Leben als Christin. Taufe ist für sie zum einen Zuspruch für ihr Leben, Zusage unantastbarer Würde und Identität, zum anderen Zugehörigkeit zur Gemeinschaft der Kirche. Ferner ist mit der Taufe die Übertragung der Aufgabe, Christsein zu gestalten, verbunden. Dazu braucht Laura die Unterstützung der Gemeinde und der Firmkatechet/innen als Begleiter/innen und Zeug/innen auf dem Vorbereitungsweg. Diese Begleitung und Stärkung auf dem Glaubensweg brauchen auch die Firmjugendlichen.

Katechumenatsweg – Taufvorbereitung Jugendlicher konkret

Laura ist 14. Damit ist für sie der Vorbereitungsweg, wie ihn Erwachsene gehen – genannt Katechumenat –, vorgesehen. Der Katechumenatsweg ist der Weg des Christwerdens, der Einführung eines Nichtchristen in den Glauben und die Eingliederung in die Kirche durch die Feier der Sakramente von Taufe, Firmung und Eucharistie (Initiationssakramente) in der Osternacht.

Zu diesem Weg gehören drei Abschnitte oder Phasen. Die Übergänge von einer Phase zur anderen werden durch gottesdienstliche Feiern begangen (s. u.). Sie signalisieren jeweils ein Voranschreiten auf dem Glaubensweg.

Der Taufwunsch Jugendlicher muss für die Gemeinde eine Signalwirkung haben. Es ist nicht mehr selbstverständlich, dass man als Säugling durch die Taufe auch Christ wird. Vielmehr sind die Wege zu Glaube und Kirche unterschiedlich und vielfältig. In der Taufe ruft Gott Jugendliche in die Gemeinschaft mit ihm. Wesentliche Aspekte der Taufe kommen zum Tragen (s. o.). Die Taufe schenkt eine eindeutige Orientierung. Die Gemeinde ist nun besonders herausgefordert. Sie muss prüfen, ob sie der Ort ist, an dem Jugendliche den Glauben entdecken und im Glauben unterwegs sein können.

Wenn nun Laura ihren Katechumenatsweg beginnt, dann könnte er sich so gestalten:

- ### 1. Wegabschnitt

  Der erste Wegabschnitt ist eine Zeit erster Kontakte und Begegnungen mit Christinnen und Christen, verbunden mit dem ersten Kennenlernen des christlichen Glaubens.
  So ist Laura dem christlichen Glauben durch die Konfirmation ihrer Freundin und in der Schulklasse begegnet. Die anstehende Firmvorbereitung lässt sie nachdenken, ob die Taufe etwas für sie sein könnte. Sie hat bereits Kontakt mit dem Pfarrer oder einem/r anderen pastoralen Mitarbeiter/in aufgenommen und darüber gesprochen.
  Wenn nun der Wunsch nach der Taufe besteht, wird die »Aufnahme in den Katechumenat« mit der Bezeichnung mit dem Kreuzzeichen und der Überreichung des Glaubensbekenntnisses gefeiert (vgl.

»*Woran ich mich festhalten kann*«, S. 77–81). Für Lauras Freund/innen ist dies der Beginn der Firmvorbereitung. Ihre Firmgruppe ist zugleich ihre Taufvorbereitungsgruppe (vgl. Treffen 1 »*Ich will gefirmt werden – Wir machen uns auf den Weg*«, S. 19–23).

● 2. Wegabschnitt

Mit der »Feier der Aufnahme« beginnt die zweite Phase, die Zeit des Katechumenats als ausdrückliche Vorbereitungszeit der Einführung in den christlichen Glauben und Einübung in das Leben als Christ/in in Gemeinde und Kirche. Die Gruppe trifft sich regelmäßig.

Gemeinsam schauen sie, wie der Glaube Hand und Fuß in ihrem Leben bekommen kann. Sie entdecken, dass Gott sie gerufen hat. Sie lernen ihr Leben auf der Basis des Evangeliums zu deuten. Sie eignen sich Grundtexte christlichen Lebens (z. B. Glaubensbekenntnis, Vaterunser) an und feiern das Kirchenjahr mit. Ein solcher Weg braucht Zeit.

Für die getauften Jugendlichen bedeutet der Katechumenatsweg ein Memorieren – Wiederentdecken, Erfahrungen machen mit bereits einmal in der Familie, der Erstkommunionvorbereitung und/oder im schulischen Religionsunterricht Gehörtem und Erfahrenen. Vergewisserung, Standortbestimmung und eine Neuausrichtung (Umkehr) am Evangelium werden als Aufgabe für das persönliche Leben erfahren.

Auf diesem Weg finden wieder Liturgische Feiern statt. Sie haben für Laura als Taufbewerberin und für die Firmjugendlichen eine wichtige Bedeutung. Sie stärken die lebendige Beziehung zu Gott und vertiefen die Erfahrungen der Gruppe. Solche Feiern sind »die Überreichung der Heiligen Schrift« (vgl. »*Gottes Wort ist wie Licht in der Nacht*«, S. 82–85), »die Überreichung des Vaterunsers« (vgl. »*Wie wir beten können*«, S. 86–89) und zwei »Stärkungsrituale« (vgl. »*Gott stärke dich*«, S. 90–92; »*Ihr seid das Salz der Erde*«, S. 97–101).

Ein wichtiger Einschnitt ist die »Feier der Zulassung zur Taufe« (vgl. »*Ich bin getauft – Ich werde getauft*«, S. 93–96) mit dem ausdrücklichen Ja Lauras, getauft werden zu wollen. Im Namen der Kirche wird Laura gesagt, dass sie zum christlichen Glauben und zur Zugehörigkeit in der Gemeinschaft der Christen berufen und erwählt ist.

Die Firmjugendlichen erinnern sich in dieser Feier an ihre Taufe.

Der Höhepunkt auf Lauras Katechumenatsweg ist die **»Feier der Sakramente des Christwerdens: Taufe, Firmung und Eucharistie«** innerhalb des Firmgottesdienstes, in dem die anderen Jugendlichen gefirmt werden. Wenn der Bischof (Weihbischof, Domkapitular) dieser Feier vorsteht, wird auch die ortskirchliche Dimension jeder Aufnahme in die Kirche bewusst.

● 3. Wegabschnitt

Die dritte Phase nach der Feier der Sakramente hat zum einen den Charakter des »Verdauens«. Die Neugetaufte Laura und die Neugefirmten haben Gelegenheit, über das Erfahrene zu sprechen: Gefühle zu benennen, Gedanken auszutauschen, Fragen zu stellen. Zum anderen geht es darum, den Blick auf den weiteren Weg zu richten. Wie können wir unseren Weg als Christ/innen weitergehen? (vgl. Treffen 11 »*Ich gehe meinen Weg weiter*«, S. 63–64). Dabei ist es gut, sich vor der Auflösung der Firm-Katechumenats-Gruppe in einer »Segensfeier« noch einmal stärken zu lassen (vgl. »*Du sollst ein Segen sein*«, S. 102–104).

Die Gruppentreffen und Liturgischen Feiern in dieser Arbeitshilfe sind so gestaltet, dass jugendliche Taufbewerber/innen ihren Ort finden. S. 75–76 finden Sie eine Synopse der Gruppentreffen und dazugehörenden Liturgischen Feiern.

📖 *Lesetipp*

Wenn Sie sich mehr über die Taufvorbereitung Jugendlicher und das Verständnis der Taufe informieren wollen:

- Ich glaube. Handreichung, München (Kösel 2001), S. 48 und S. 151–153.

- Taufe zwischen 9 und 15: Materialbrief Gemeindekatechese 1/2003.
  Hg. und Bezug: Deutscher Katecheten-Verein, Preysingsstrasse 97, 81667 München, www.katecheten-verein.de

- Themenheft »Taufe«: Katechetische Blätter Heft 2/2003.
  Bezug: Kösel-Verlag, Flüggenstraße 2, 80639 München, www.katbl.de

- Weitere Informationen zum Katechumenat: www.katechumenat.de

Kapitel D

Von mir, von Gott und mit Gott reden

Firmweg und Liturgie

Von mir, von Gott und mit Gott reden

Firmweg und Liturgie

Tauf- und Firmweg und Liturgie – Hinweise zur Gestaltung und Durchführung

Katechetischer Weg und Liturgisches Feiern (Gottesdienst) gehören eng zusammen. Auf dem Tauf- und Firmweg geht es nicht allein darum, von mir und von Gott zu reden, sondern gerade auch mit Gott zu sprechen, zu ihm zu beten und sich von ihm anrühren zu lassen. Die Liturgie vertieft auf eigene Weise, was in der Katechese erfahren wird, und umgekehrt deutet die Katechese, was liturgisch gefeiert wird. Katechese und Liturgie sind zwei Weisen, das Leben aus der Botschaft des Glaubens zu deuten.

Jugendliche sind es häufig nicht gewohnt Gottesdienst zu feiern. Die sonntägliche Praxis der Eucharistiefeier ist ihnen wenig vertraut. Die Liturgischen Feiern, die in Verbindung zu einzelnen Gruppentreffen stehen, nehmen dies ernst. Sie ermöglichen Jugendlichen sich gottesdienstliches Feiern in Wortgottesdiensten anzueignen. Die einzelnen Feiern sind angeregt von den Feiern der Liturgien im Katechumenat (vgl. C: Ich möchte gefirmt werden, bin aber noch nicht getauft – Taufvorbereitung Jugendlicher, S. 67–70).

Eigene Eucharistiefeiern werden nicht vorgestellt. Es ist sinnvoll, dass die Jugendlichen in den Gemeindegottesdienst am Sonntag hineinwachsen und dort jugendgerechte ansprechende Elemente wie selbstverständlich erleben. Dies kann in unspektakulärer und dennoch deutlicher Weise geschehen, indem z. B. neues geistliches Liedgut stärker Eingang findet, Kyrie und Fürbitten sowie weitere Elemente von Jugendlichen und Erwachsenen gemeinsam übernommen werden, ein moderner Text eingefügt oder ein Symbol, das die Schrifttexte deuten hilft, eingeführt wird usw.

- **Wo finden die Liturgischen Feiern statt?**
  - Sie können in der einzelnen Firmgruppe am Ende eines Treffens, mit mehreren Gruppen gemeinsam oder in der Gesamtgruppe der Firmjugendlichen gefeiert werden. Für jugendliche Taufbewerber/innen haben diese Feiern eine besondere Bedeutung (vgl. C).
  - Werden die Gottesdienste innerhalb der kleinen Gruppe gefeiert, finden sie im Raum des Gruppentreffens statt. Dazu werden die Unterlagen beiseite gelegt und der Tisch entsprechend gerichtet. Eine Kerze, die Jesus Christus symbolisiert, gehört immer dazu. Alles Weitere sehen Sie im Liturgieverlauf.
  - Einige Feiern werden ausdrücklich für die Gesamtgruppe vorgeschlagen. Sie sollten in der Kirche stattfinden, um auch mit diesem Raum vertraut zu werden.

- **Wann finden die Liturgischen Feiern statt?**

  Für einige Gottesdienste ist es sinnvoll und wichtig, eine eigene Zeit zwischen zwei Gruppentreffen zu vereinbaren. Dies ist aus der Synopse (S. 75–76) leicht ersichtlich und in der Einleitung zum Gottesdienst vermerkt.

In welcher Weise die Gottesdienste, die in der Firmvorbereitung etwas neu und ungewohnt sind, integriert werden, sollte auch vom Leitungsteam der Firmvorbereitung besprochen werden. Folgende Möglichkeiten bieten sich an:

- Als Gruppengottesdienste, wenn nichts anderes vermerkt ist.
- Grundsätzlich als gemeinsame Gottesdienste zu einem eigenen Termin.
- Eine Mischform, die u. a. den Vorteil hat, dass sich die Gesamtgruppe der Jugendlichen regelmäßig trifft.

- **Wer hat besondere Rollen und Aufgaben in der Liturgie?**

Die meisten Gottesdienste können von einem/r oder mehreren Katechet/innen geleitet werden. Sie sind dann die *Liturg/innen* (L). Der Pfarrer erteilt ihnen den Auftrag dazu.
Jugendliche (J) können Gebete und Texte übernehmen.
Die *Liturg/innen* eröffnen den Gottesdienst, führen in das Thema ein, tragen in der Regel den Schrifttext vor, vollziehen die Symbolhandlungen, sprechen die Segensbitte.
Der *Pfarrer* (P) steht ausdrücklich zwei Liturgien vor: (1) »Ich bin getauft – ich werde getauft«. Hier spricht er die Zulassung zu den Sakramenten an die Taufbewerber/innen und die Einladung zur Firmung an die Jugendlichen aus. (2) Beim Stärkungsritual »Ihr seid das Salz der Erde – Entschieden den Weg des Glaubens gehen« spricht er das Gebet um Befreiung von der Macht des Bösen.

- **Lied und Musik**

Die Liedvorschläge für die Gottesdienste stehen zum Teil im Jugendbuch »Ich glaube«, alle anderen sind dem Liederbuch »Erdentöne – Himmelsklang« – Neue geistliche Lieder, hg. Diözese Rottenburg-Stuttgart, Ostfildern 2001, entnommen bzw. finden sich als Kopiervorlage in dieser Arbeitshilfe. Gitarre oder ein anderes Begleitinstrument unterstützt das Singen. Fragen Sie Jugendliche für die Begleitung der Lieder im Gruppengottesdienst an. Für gemeinsame Gottesdienste aller Jugendlichen empfiehlt es sich, Jugendband oder Kirchenmusiker/in einzubeziehen.
Wird meditative Musik durch CD eingespielt, empfiehlt sich eine Lautstärkeprobe in der Kirche.

- **Was wird an Materialien benötigt?**

Die Materialien sind jeweils angegeben. Kerzen, Streichhölzer, das Jugendbuch »Ich glaube«, ein Liederbuch (z. B. »Erdentöne – Himmelsklang« oder das in der Gemeinde vorhandene) bzw. Liedkopien und eine Bibel gehören immer dazu.
Die Schrifttexte sollen aus einer schönen Ausgabe der Bibel (Gesamttext) vorgetragen werden.

- **Abkürzungen in den Liturgien**

L	Liturg/in
J	Jugendliche
P	Pfarrer
L/P; L/J	wahlweise möglich
EH	Liederbuch: »Erdentöne – Himmelsklang«

Lesetipp

Gestaltungsideen für die Feier der Firmung bietet:
Sei du in tausend Tönen – ein Buch für Firm- und Jugendgottesdienste, hg. BDJK im Bistum Hildesheim, Verlag Haus Altenberg 2004. ISBN 3-7761-0106-7. Bestellung bei: www.bestellung@jugendhaus-duesseldorf.de

Synopse der Firmtreffen und Liturgischen Feiern auf dem Firm- und Katechumenatsweg

Die folgende Synopse gibt einen Überblick über die Liturgischen Feiern auf dem Firmweg sowie über die besonderen Feiern des Katechumenatsweges.
Die Feiern können jeweils an ein Treffen angeschlossen werden oder zeitnah stattfinden.

Firmtreffen		Liturgische Feier KATECHUMENAT		Seite
1	Ich will gefirmt werden *Wir machen uns auf den Weg*	1	Woran ich mich festhalten kann *Übergabe des Glaubensbekenntnisses* **Feier der Aufnahme in den Katechumenat**	AH S. 77–81
2	Ich glaube *Wenn mein Glaube Hand und Fuß bekommt*	2	Gottes Wort ist wie Licht in der Nacht *Die Heilige Schrift in die Hand nehmen*	AH S. 82–85
3	Ich glaube an Gott, den Schöpfer *Wo in der Natur seh ich Gottes Spur?*			
		3	Wie wir beten können *Übergabe des Vaterunser*	AH S. 86–89
4	Ich glaube an Jesus Christus *Das Vaterunser entdecken*			
5	.. Gekreuzigt, gestorben, begraben ... auferstanden von den Toten *Tod mitten im Leben – Leben mitten im Tod*		Meine Zeit steht in Gottes Händen *Gebet auf dem Friedhof*	AH S. 40
6	Ich glaube an den Heiligen Geist (I) *Sehnsucht nach Freiheit und Frieden*			
7	Ich glaube an den Heiligen Geist (II) *Gestärkt zum Leben und Glauben*	4	Gott stärke dich *Stärkungsritual: Salbung*	AH S. 90–92
8	... Katholische Kirche, Gemeinschaft der Heiligen *Gesicht zeigen*			
		5	Ich bin getauft – Ich werde getauft *Tauferinnerung* **Feier der Zulassung zu den Sakramenten des Christwerdens**	AH S. 93–96
9	... Vergebung der Sünden *Ich tue, was ich nicht will – Führe mich in der Versuchung*	6	Ihr seid das Salz der Erde *Stärkungsritual: Entschieden den Weg des Glaubens gehen* – oder: Ich darf mich meines Lebens freun und andern Grund zur Freude sein *Versöhnungsfeier*	AH S. 97–101 HR S. 372–374 JB S. 106–113

10	Sich miteinander auf die Firmung einstimmen *Rückblick auf den Weg – Planung des Firmgottesdienstes*		
		Sei besiegelt durch die Gabe Gottes, den Heiligen Geist *Feier der Firmung* **Feier der Sakramente des Christwerdens**	Individuelle Vorbereitung vor Ort
11	Ich gehe meinen Weg weiter *Was ich durch die Feier der Firmung erfahren habe*	7 Du sollst ein Segen sein *Segensfeier*	AH S. 102–104

Liturgie 1

Woran ich mich festhalten kann

Übergabe des Glaubensbekenntnisses – Aufnahme in den Katechumenat

Die feierliche Übergabe des Credo als »Magna Charta« der Christen ist ein wichtiges Element des Katechumenatswegs Erwachsener (ab 14 Jahren). Dieses Glaubenskenntnis wird auch den Jugendlichen auf ihren Firmweg mitgegeben und in den Gruppen miteinander in ihre Lebenssituation hinein buchstabiert.

Sind Taufbewerber/innen unter den Jugendlichen, ist diese Feier für sie zugleich die »Feier der Aufnahme in den Katechumenat«. Die dann vorgesehenen Texte sind in Klammern () gesetzt und mit einem Logo versehen.

Benötigt werden:
Credo-Blatt (s. Kopiervorlage S. 81), Bibel, Kerze/n, Streichhölzer, Jugendbuch, meditative Musik (life oder CD), evtl. CD-Player

Gottesdienstverlauf

Sammlung

Alle Beteiligten versammeln sich vor der Kirche, bei Regen im Eingangsbereich der Kirche.

Lied   Ich mach Station (JB S. 13)

L   »Ich mach Station am Weg, auf dem ich geh.
Ich halte an, damit ich Freunde seh.
Ich suche Gott, bin unterwegs zu ihm.
Wenn ihr wollt, könnt ihr auch mit mir gehen.
Gemeinsam finden leichter wir das Ziel.
Gemeinschaft halten ist, was Gott auch will.«

Das Lied beschreibt, was heute beginnt.
Auf dem bisherigen Lebensweg anhalten, sich mit anderen austauschen und sich orientieren.
Sich auf die Firmung vorzubereiten, bedeutet Gott auf dem Weg zu suchen.

 (Aufnahme in den Katechumenat)

L   Für dich, N, beginnt heute die Vorbereitung auf die Taufe.
Wir freuen uns, dass du dich auf diesen Weg machst.
Wir heißen dich willkommen in unserer Gemeinde.

L geht auf den/die Taufbewerber/in zu und spricht:

> N, du möchtest Christ/Christin werden.
> Jesus Christus ruft dich in seine Nachfolge.

L zeichnet ihm/ihr das Kreuzzeichen auf die Stirn und spricht dabei:

> Deshalb bezeichne ich dich mit dem Zeichen des Kreuzes,
> dem Zeichen der Hoffnung und des Glaubens aller Christen.

Evtl. können einige andere Jugendliche oder die Eltern des/der Taufbewerber/in ebenfalls das Kreuz auf die Stirn zeichnen.

L   N, wir versprechen dir,
dich auf deinem Vorbereitungsweg zu Taufe, Firmung und Kommunion zu begleiten.
Wir stehen dir zur Seite, wenn du auf deine Fragen Antworten suchst,
wenn Zweifel dich drücken, ob du den richtigen Weg eingeschlagen hast.

Aufnahme in die Firmvorbereitung

L   Liebe Jugendliche, für euch, die ihr getauft seid, hat der Weg als Christinnen und Christen in der Gemeinschaft der Kirche (bereits mit der Taufe) begonnen.
Mit eurem Entschluss, euch auf die Firmung vorzubereiten, bindet ihr euch enger an die Gemeinschaft der Christen und wir binden uns an euch.

L   Das Zeichen des Kreuzes sei für euch Zeichen der Hoffnung und des Glaubens.
Deshalb bezeichnen wir euch mit dem Kreuz.

Die/der Katechet/in zeichnet den Jugendlichen das Kreuzzeichen auf die Stirn.

L   Wir, eure Firmkatechetinnen und Firmkatecheten und die Menschen in der Gemeinde, versprechen euch, euch auf eurem Firmweg zu begleiten.
Wir stehen euch zur Seite.

Einzug in die Kirche

L   Seid alle willkommen in dieser Kirche, in die wir nun einziehen.
Wenn wir jetzt die Schwelle in die Kirche hinein überschreiten,
ist dies ein Zeichen für die Richtung, die wir einschlagen.

Gemeinsamer Einzug in die Kirche.
Die Jugendlichen werden von meditativer Musik empfangen.
Sie setzen sich in die vorderen Bank-/Stuhlreihen.

Jugendliche entzünden die Kerzen am Altar.

Gebet

L   Willkommen in unserer Kirche.
Wir beten mit den Worten des Psalm 150 – in eurem Jugendbuch S. 69.
Wir beten die Verse im Wechsel von Mädchen und Jungen.

Verkündigung

Lesung   Matthäus 4, 18 –22: Die Berufung der ersten Jünger
          oder Jesaja 43,1– 5a: Beim Namen gerufen

Lied   Wo zwei oder drei in meinem Namen versammelt sind (EH 87)

Übergabe des Glaubensbekenntnisses

L   Station machen bedeutet, sich rufen lassen, hören, fragen, antworten,
    über den eigenen Glauben nachdenken.
    (Ihr alle, Getaufte und die, die sich auf die Taufe vorbereiten,
    entdecken, wie wir als Christen und Christinnen leben können.)
    Wir Firmkatechetinnen und Firmkatecheten begleiten euch auf diesem Weg.
    Auch für uns ist es ein Glaubensweg.
    Für diesen Weg überreichen wir euch das Glaubensbekenntnis.
    Es sind nur wenige Sätze.
    Sie umfassen den ganzen Reichtum unseres Glaubens
    an Gott, der Vater und Mutter ist,
    an Jesus Christus, den Sohn und unseren Freund,
    an den Heiligen Geist, der uns stärkt.
    Nehmt die Worte auf, damit sie euch ermutigen und ein fester Halt für euer Leben werden.

Die Katechet/innen und alle anderen anwesenden Erwachsenen sprechen den Jugendlichen das Glaubensbekenntnis vor:

> Ich glaube an Gott,
> den Vater, den Allmächtigen,
> den Schöpfer des Himmels und der Erde,
> und an Jesus Christus,
> seinen eingeborenen Sohn, unseren Herrn,
> empfangen durch den Heiligen Geist,
> geboren von der Jungfrau Maria,
> gelitten unter Pontius Pilatus,
> gekreuzigt, gestorben und begraben,
> hinabgestiegen in das Reich des Todes,
> am dritten Tage auferstanden von den Toten,
> aufgefahren in den Himmel;
> er sitzt zur Rechten Gottes, des allmächtigen Vaters,
> von dort wird er kommen zu richten die Lebenden und die Toten.
> Ich glaube an den Heiligen Geist,
> die heilige katholische Kirche,
> Gemeinschaft der Heiligen,
> Vergebung der Sünden,
> Auferstehung der Toten
> und das ewige Leben.
> Amen.

Anschließend überreichen die Firmkatechet/innen den Jugendlichen den Text des Glaubensbekenntnisses.
Dazu kann meditative Musik eingespielt werden.

Lied   Du bist Du (JB S. 37)

Gebet

L/J   Lebendiger Gott,
     gehe du mit uns auf unserem Weg.
     Lass uns dich erkennen, wenn wir mit dir sprechen.
     Lass uns dich erkennen im Alltag und im Miteinander.
     Hilf uns entdecken, wie Christsein in guten
     und in schweren Tagen gelebt werden kann.
     Stärke unseren Glauben.

Alle   Amen.

Segen

L   Gott segne und behüte euch.
    Gott lasse sein Angesicht über euch leuchten
    und sei euch gnädig.
    Gott wende euch sein Angesicht zu
    und schenke euch seinen Frieden.

Lied   Geh mit uns auf unserem Weg (EH 62)
      mit »Pilgerschritt« (Anleitung: HR S. 388); die Jugendlichen kommen aus den Bänken, stellen sich
      hintereinander auf... ganz vorn ein/e Firmkatechet/in ... Der Weg führt zum Ausgang der Kirche.

Ich glaube

an Gott,

den Vater, den Allmächtigen,

den Schöpfer des Himmels und der Erde,

und an Jesus Christus,

seinen eingeborenen Sohn, unseren Herrn,

empfangen durch den Heiligen Geist,

geboren von der Jungfrau Maria,

gelitten unter Pontius Pilatus,

gekreuzigt, gestorben und begraben,

hinabgestiegen in das Reich des Todes,

am dritten Tage auferstanden von den Toten,

aufgefahren in den Himmel;

er sitzt zur Rechten Gottes, des allmächtigen Vaters,

von dort wird er kommen zu richten die Lebenden und die Toten.

Ich glaube an den Heiligen Geist,

die heilige katholische Kirche,

Gemeinschaft der Heiligen,

Vergebung der Sünden,

Auferstehung der Toten

und das ewige Leben.

Amen.

Liturgie 2

Gottes Wort ist wie Licht in der Nacht

Die Heilige Schrift in die Hand nehmen

Die Jugendlichen haben das Jugendbuch »Ich glaube« und das Credo der Christen als Orientierungshilfe auf ihren Firmweg mitgenommen. Die zweite Liturgische Feier wendet den Blick auf die Bibel als Wort Gottes. Damit der Glaube Hand und Fuß bekommt, braucht es immer wieder die Ausrichtung auf Gottes Wort.

Benötigt werden:
Meditative Musik, schöne Bibelausgabe, Muggelsteine/Halbedelsteine, Kerze, Streichhölzer, Kopien S. 85 in Anzahl der Teilnehmenden

Im Raum des Gruppentreffens:
Die Bibel wird geschlossen auf ein unifarbenes Tuch gelegt, die Kerze dazugestellt. Die Jugendlichen sitzen um den Tisch bzw. im Kreis.

In der Kirche:
Wenn mehrere Gruppen sich zu dieser Feier versammeln, kann sie in der Kirche oder einer Kapelle stattfinden.
Die Bibel wird auf den Altar gestellt, rechts und links Kerzen.

Gottesdienstverlauf

Sammlung

Entzünden der Kerze(n) durch Jugendliche

Lied   Te deum laudamus (JB S. 69)

Gebet

L   Wir rufen zu Gott mit dem Gebet auf eurem Blatt.
    Ich spreche die ungeraden Zeilen, ihr die geraden Zeilen.
    (s. Kopiervorlage S. 85)

Verehren des Wortes Gottes

L   Gott ist uns nahe. Er schenkt uns seine Worte.
    Gute Worte braucht jede und jeder von uns.
    Sie machen uns Mut und stärken uns,
    wenn uns eine Situation bedrückt.

Worte wie »du schaffst das«, »ich helfe dir gern, wenn ich kann«.
Worte können Orientierung geben und spüren lassen, wo es langgehen könnte.
Solche Worte sind wie ein Schlüssel.
Solche Worte finden wir in der Bibel.
Die Worte der Bibel sind für viele Menschen eine wichtige Orientierung,
sie werden von Generation zu Generation weitergegeben.
Als Zeichen der Wertschätzung und Verehrung schmücken wir die Bibel.

Die bunten Muggel- bzw. Halbedelsteine werden um die Bibel gelegt.
(In der Kirche: L geht zum Altar, hebt die Bibel empor. Nun wird gesungen:)

Lied: Gottes Wort ist wie Licht in der Nacht
(*s. Kopiervorlage S. 85; mehrmals singen*)

Verkündigen und Hören des Wortes Gottes: Psalm 23

L   nimmt die Bibel, schlägt Psalm 23 auf und liest ihn vor.
    Danach wird die geöffnete Bibel hochgehalten und gesungen:

Lied   Gottes Wort ist wie Licht in der Nacht

Die Heilige Schrift in die Hand nehmen

L   *hält die geöffnete Bibel mit beiden Händen den Jugendlichen entgegen und spricht:*

Ich überreiche euch die Heilige Schrift.
Sie enthält das Wort Gottes.
In diesem Buch ist aufgeschrieben,
was Gott für sein Volk getan hat.
Wir erfahren von Jesus Christus.
Wir entdecken, wie der Heilige Geist Menschen bewegt.

Wenn ihr in diesem Buch lest und das Wort des Lebens aufnehmt,
wird euer Glaube wachsen.

L   Jede und jeder kann nun einen Vers oder ein Wort aus Psalm 23 vorlesen,
    das beim Hören besonders in euch angeklungen ist.
    Wer einen Vers gelesen hat, reicht die Bibel der Nachbarin/dem Nachbarn weiter.

Lied   Gottes Wort ist wie Licht in der Nacht

L   *überreicht die Bibel der/dem nächststehenden Jugendlichen.*

Wenn alle Jugendlichen ihren Vers gelesen haben:

Lied   Gottes Wort ist wie Licht in der Nacht

Hinweis:
Wenn mehr als eine Gruppe versammelt ist, wird das Lied nach jeweils fünf bis sechs Personen wiederholt.

Gebet Vater Unser

L   Was uns bewegt und angerührt hat,
     tragen wir im Vaterunser vor Gott.

Alle beten gemeinsam das Vaterunser.

Segen

L   Gott segne und behüte euch.
     Gott lasse sein Angesicht über euch leuchten
     und sei euch gnädig.
     Gott wende euch sein Angesicht zu
     und schenke euch seinen Frieden.

Lied   Te deum laudamus (JB S. 69)

Wechselgebet

1 Sei hier zugegen, Licht mitten unter uns.
2 Sei hier zugegen, in unserer Mitte.

3 Lös unsre Blindheit, dass wir dich sehen.
4 Mach unsere Sinne wach für dein Kommen.

5 Zeig deine Nähe, dass wir dich spüren.
6 Sei hier zugegen, damit wir leben.

7 Sei hier zugegen, stark wie ein Feuer.
8 Flamme und Leben, Gott bei den Menschen.

9 Sei hier zugegen mit deinem Leben,
10 In unserer Mitte, Gott bei den Menschen.

11 Zeig uns dein Angesicht, gib uns das Leben.
12 Mit allen Menschen, wo sie auch leben,

13 rufen wir dich: sei hier zugegen.
14 An diesem Ort, Gott, sei uns nahe.

15 In unseren Häusern wohne der Friede.
16 Sei hier zugegen, Gott sei uns nahe.

Gottes Wort ist wie Licht in der Nacht

Text unbekannt / Musik: aus Israel

Wechselgebet

1 Sei hier zugegen, Licht mitten unter uns.
2 Sei hier zugegen, in unserer Mitte.

3 Lös unsre Blindheit, dass wir dich sehen.
4 Mach unsere Sinne wach für dein Kommen.

5 Zeig deine Nähe, dass wir dich spüren.
6 Sei hier zugegen, damit wir leben.

7 Sei hier zugegen, stark wie ein Feuer.
8 Flamme und Leben, Gott bei den Menschen.

9 Sei hier zugegen mit deinem Leben,
10 In unserer Mitte, Gott bei den Menschen.

11 Zeig uns dein Angesicht, gib uns das Leben.
12 Mit allen Menschen, wo sie auch leben,

13 rufen wir dich: sei hier zugegen.
14 An diesem Ort, Gott, sei uns nahe.

15 In unseren Häusern wohne der Friede.
16 Sei hier zugegen, Gott sei uns nahe.

Gottes Wort ist wie Licht in der Nacht

Text unbekannt / Musik: aus Israel

Liturgie 3

Wie wir beten können

Übergabe des Vaterunsers

Das Vaterunser ist wie das Credo eine Kurzformel des christlichen Glaubens und Betens. Die Bedeutung dieses Gebets wird in Treffen 4 erschlossen. Die Übergabe des Vaterunsers geht deshalb diesem Treffen zeitlich voraus.

In dieser Liturgischen Feier wird den Jugendlichen das Gebet Jesu durch die Verkündigung des Evangeliums überreicht. Sie sind Hörende und damit auch Empfangende. In Treffen 4 verfassen sie in einer Schreibwerkstatt eigene Vaterunser-Texte.

Benötigt werden:
Vaterunser-Blatt (s. Kopiervorlage S. 89), Jugendbuch, Bibel, Kerze, Streichhölzer, meditative Musik, CD-Player

Gottesdienstverlauf

Sammlung

Entzünden der Kerze durch Jugendliche.
L begrüßt die Jugendlichen.

Lied   Eines Tages kam einer (JB S. 47)

Einführung

L   Beten – manchmal geht das ganz leicht.
       Wir singen frohe Lieder und unser Lob und Dank sprudelt aus uns heraus.
       Beten – manchmal denken wir gar nicht daran.
       Weshalb? Jede und jeder weiß das für sich am besten.
       Beten – manchmal lehrt Not beten.
       Wir ringen nach Worten, mit denen wir vor Gott klagen können.
       Die Jünger und Jüngerinnen Jesu kannten wohl solche Erfahrungen.
       Wieso hätten sie sonst Jesus fragen sollen, wie sie beten können?

Gebet

L/J   Jesus, unser Freund,
         wo immer wir auch sind, du bist da,
         du kennst uns, unsere Gedanken,
         unsere Wünsche und Sehnsüchte.
         Du weißt um alles, was wir brauchen.
         Wir möchten dir vertrauen.

Wenn uns die Worte fehlen,
mit denen wir beten können,
dann lehre du uns beten.
Lass uns dich anreden und dir vertrauen.

Alle Amen.

Lesung: Römer 8,14–17

Der Apostel Paulus schreibt an die christliche Gemeinde in Rom:

Alle, die sich vom Geist Gottes führen lassen,
sind Gottes Söhne und Töchter.
Der Geist, den Gott euch gegeben hat, ist ja nicht ein Sklavengeist,
sodass ihr wie früher in Angst leben müsstet.
Es ist der Geist, den ihr als seine Söhne und Töchter habt.
Von diesem Geist erfüllt rufen wir zu Gott: »Abba! Vater!«
So macht sein Geist uns im Innersten gewiss, dass wir Kinder Gottes sind.
Wenn wir aber Kinder sind, dann sind wir auch Erben und das heißt:
Wir bekommen Anteil am unvergänglichen Leben des Vaters,
genauso wie Christus und zusammen mit ihm.
Wie wir mit Christus leiden, sollen wir auch seine Herrlichkeit mit ihm teilen.

Lied Wo zwei oder drei in meinem Namen versammelt sind (EH 87)

Deutendes Wort

L Der Apostel Paulus spricht ermutigende Worte.
In unserem letzten Gruppentreffen haben wir
Gott als Schöpfer der Welt und aller Menschen kennen gelernt.
Paulus stellt Gott als Vater vor. Wenn Paulus heute leben würde,
dann stünde da sicher: Vater und Mutter.
Uns nennt Paulus Töchter und Söhne Gottes.
Eigenartig – oder?
Vielleicht gefällt es euch, dass unser Verhältnis zu Gott beschrieben wird
wie eine gute Beziehung unter Familienmitgliedern.
Vielleicht mögt ihr diese Beschreibung nicht so sehr,
weil ihr eine solche Idylle nicht erlebt.
Jesus redet Gott auch mit Vater an.
Er hatte selbst erfahren, dass damit keine Idylle gemeint ist.
Paulus und Jesus wollen mit dieser Anrede sagen,
dass Gott wie ein guter Vater ist, uns nahe –
und wir können ihn als Vater anreden.

Übergabe des Vaterunsers durch die Verkündigung des Evangeliums: Matthäus 6,7–13

L Liebe Jugendliche,
mit den Worten aus dem Matthäus-Evangelium wird euch das Vaterunser übergeben. Dieses Gebet lehrte Jesus seine Jünger. Seitdem wird es von Generation zu Generation weitergegeben.

L   Jesus sagte zu den Jüngerinnen und Jüngern –
So sollt ihr beten:
Unser Vater im Himmel,
dein Name werde geheiligt,
dein Reich komme,
dein Wille geschehe wie im Himmel,
so auf der Erde.
Gib uns heute das Brot, das wir brauchen.
Und erlass uns unsere Schulden,
wie auch wir sie unseren Schuldnern erlassen haben.
Und führe uns nicht in Versuchung,
sondern rette uns vor dem Bösen.

»Überreichung« des Textes und gemeinsames Gebet

L   Liebe Jugendliche,
Jesus lehrt uns beten »Vater unser«.
Er gibt uns dieses Gebet mit auf den Weg.
So überreichen wir euch das Vaterunser,
das alle Christen miteinander verbindet.

Die Katechet/innen überreichen den Jugendlichen das Vaterunser.
Dabei kann meditative Musik eingespielt werden.

L   Wir beten gemeinsam das Vaterunser

Segen

L   Gott, segne uns!
Du bist für uns Vater und Mutter:
Wirf deinen zärtlichen Blick auf uns
und die ganze Welt.
Du bist Sohn,
Weggefährte, Bruder und Freund:
Nimm uns bei der Hand und führe uns zum Leben.
Du bist Geist und Licht, Liebe und Leben,
uns allen ins Herz gegeben.
Lass dich uns erfahren als kostbaren Schatz.
Amen.

Nach Anton Rotzetter

Unser Vater

im Himmel,

geheiligt werde dein Name,

Dein Reich komme.

Dein Wille geschehe,

wie im Himmel, so auf Erden.

Unser tägliches Brot gib uns heute.

Und vergib uns unsere Schuld,

wie auch wir vergeben unseren Schuldigern.

Und führe uns nicht in Versuchung,

sondern erlöse uns von dem Bösen.

Liturgie 4

Gott stärke dich

Stärkungsritual: Salbung

Die Salbung ist ein Stärkungsritus auf dem Vorbereitungsweg zur Feier des Christwerdens Erwachsener. Für getaufte Jugendliche wie für diejenigen, die sich auf die Taufe vorbereiten, kann diese Feier Ausdruck der Begleitung und Stärkung des wachsenden Glaubens sein.

Die Feier ist im Zusammenhang mit Treffen 7 vorgesehen. Die Hälfte der Gruppentreffen hat bereits stattgefunden. Findet die Feier unmittelbar anschließend statt, entfällt das Segensgebet in Treffen 7.

Benötigt werden:
Bibel, Jugendbuch, meditative Musik, größere Kerze, kleine Kerze/n (Teelichter in Glasschälchen), Streichhölzer, Tuch, Schälchen mit gut riechendem Öl, Liedkopien »Der mich atmen lässt« (Kopiervorlage S. 92)

Hinweis zur Symbolhandlung
In einem Gottesdienst mit allen Firmjugendlichen werden mehrere Schälchen benötigt. Mehrere Firmkatechet/innen und/oder Junge Erwachsene, Kirchengemeinderäte usw. salben die Hände der Jugendlichen.

Gottesdienstverlauf

Sammlung

Alle sitzen im Kreis. In der Mitte stehen auf einem Tuch das Schälchen mit Duftöl und die Kerzen.

L   Im Namen des Vaters und des Sohnes und des Heiligen Geistes.

Alle   Amen.

Die große Kerze wird entzündet.

Lied   Der mich atmen lässt, bist du, lebendiger Gott, Str. 1–5 *(Kopiervorlage S. 92)*

Nach jeder Strophe entzünden Jugendliche weitere kleine Kerzen.

Gebet

L/J   Gott,
        du belebst uns.
        Du schenkst uns Atem zum Leben.
        Du schenkst uns Kraft und stärkst uns.
        Dafür danken wir dir.

Alle   Amen.

Wahrnehmung

Das Schälchen mit Duftöl wird im Kreis herumgegeben.
Jede/r atmet den Duft des Öls ein.

Verkündigung: 1 Samuel 16,1–13

Die Erzählung von der Salbung Sauls wird vorgetragen (JB S. 122)

Meditation

Musik wird eingespielt. Die Jugendlichen werden eingeladen, die Augen zu schließen.
Nach einer Weile lassen Sie die Musik leiser werden.
Sprechen Sie langsam folgende Worte/Sätze:

L **Gott sieht das Herz – du bist von Gott erwählt – Der Geist des Herrn ist über dir –**
Auf, salbe ihn – Der Geist des Herrn ruht auf dir – gerufen werden – Gott traut dir viel zu

Salbe – Duft – duften – anerkannt sein – Ansehen haben – etwas Besonderes sein – wertvoll
sein – gestärkt mit Kraft

Schließen Sie die Meditation ab, indem sie die Musik immer leiser drehen, bis sie verklingt. Bitten Sie die Jugendlichen, ihre Augen wieder zu öffnen.

Symbolhandlung: Salbung

Die Jugendlichen stehen im Kreis.
L nimmt das Salböl, salbt den Jugendlichen die Hände und spricht dabei:

Du bist wertvoll vor Gott und den Menschen.
Gott selbst stärke dich mit seiner Kraft.

Wenn alle Jugendlichen gesalbt wurden, verreiben sie das Öl in den Händen, bis es in die Haut eingezogen ist.

Lied Te deum laudamus (JB S. 69)
    Oder: Der mich atmen lässt, Str. 5–9 *(Kopiervorlage S. 92)*

Segen

Alle stehen im Kreis. Die rechte Hand wird auf den Rücken des/r rechten Nachbarn/in gelegt.

L Der Geist der Weisheit und der Einsicht,
   der Geist des Rates und der Stärke,
   der Geist der Erkenntnis und der Gottesfurcht,
   der Geist der Frömmigkeit sei mit uns.

Alle Amen.

Der mich atmen lässt

Text: Strophe 1–3 nach einem Gebet von Anton Rotzetter, Strophe 4-9 Beate Bendel
Musik: Beate Bendel

1. Der mich atmen lässt, bist du, lebendiger Gott,
der mich leben lässt, bist du, lebendiger Gott.
Der mich schweigen lässt, bist du, lebendiger Gott.
Der mich atmen lässt, bist du, lebendiger Gott.

2. Der mich atmen lässt, bist du, lebendiger Gott,
der mich leben lässt, bist du, lebendiger Gott.
Der mich schweigen lässt, bist du, lebendiger Gott,
der mich reden lässt, bist du, lebendiger Gott.

3. Der mich warten lässt, bist du, lebendiger Gott,
der mich handeln lässt, bist du, lebendiger Gott.
Der mich Mensch sein lässt, bist du, lebendiger Gott,
der mich atmen lässt, bist du, lebendiger Gott.

4. Der mich pflanzen lässt, bist du, lebendiger Gott,
der mich wachsen lässt, bist du, lebendiger Gott.
Der mich reifen lässt, bist du, lebendiger Gott,
der mich atmen lässt, bist du, lebendiger Gott.

5. Der mich glauben lässt, bist du, lebendiger Gott,
der mich hoffen lässt, bist du, lebendiger Gott.
Der mich lieben lässt, bist du, lebendiger Gott,
der mich atmen lässt, bist du, lebendiger Gott.

6. Der mich weinen lässt, bist du, lebendiger Gott,
der mich lachen lässt, bist du, lebendiger Gott.
Der mich trösten lässt, bist du, lebendiger Gott,
der mich atmen lässt, bist du, lebendiger Gott.

7. Der mich tanzen lässt, bist du, lebendiger Gott,
der mich still sein lässt, bist du, lebendiger Gott.
Der mich singen lässt, bist du, lebendiger Gott,
der mich atmen lässt, bist du, lebendiger Gott.

8. Der mich beten lässt, bist du, lebendiger Gott,
der mich preisen lässt, bist du, lebendiger Gott.
Der mich bergend hält, bist du, lebendiger Gott,
der mich atmen lässt, bist du, lebendiger Gott.

9. Der mir Freude schenkt, bist du, lebendiger Gott,
der Freiheit schenkt, bist du, lebendiger Gott.
Der mir Leben schenkt, bist du, lebendiger Gott,
der mir Atem schenkt, bist du, lebendiger Gott.

Liturgie 5

Ich bin getauft – Ich werde getauft

Tauferinnerung – Feier der Zulassung zu den Sakramenten des Christwerdens

Die Tauferinnerungsfeier findet im Zusammenhang mit Treffen 8 (... katholische Kirche, Gemeinschaft der Heiligen – Menschen mit Profil) statt, bei dem die Jugendlichen Menschen mit Profil kennen gelernt haben, die für sie Zeug/innen des christlichen Glaubens sind. Zugleich haben sie sich Gedanken gemacht, was sie zu christlichem Handeln motiviert und welche konkreten Möglichkeiten sie sehen.

Die Feier ist als gemeinsame Feier aller Jugendlichen in der Kirche vorgesehen. Die Firmjugendlichen drücken durch ihre Erinnerung an die Taufe den Wunsch aus, dass sie gefirmt werden möchten.

Sind in der Gruppe Taufbewerber/innen, so wird in dieser Liturgie die Zulassung zu den Sakramenten des Christwerdens (Taufe – Firmung – Eucharistie) ausgesprochen. Zu dieser Feier sind auch die Pat/innen der Taufbewerber/innen eingeladen sowie die Tauf- oder Firmpat/innen der Firmjugendlichen.

Beachten Sie dabei, dass diese Zulassung zur Taufe durch einen Priester ausgesprochen werden muss. Die vorgesehenen Texte sind in Klammern () gesetzt und mit einem Logo versehen.

Benötigt werden:
Osterkerze, Streichhölzer, Bibel, mehrere braune Tücher oder längere Stoffbahn, Krug mit Wasser, beschriftete Fußspuren aus Gruppentreffen 8, Jugendbuch, Klebstoff, meditative Musik, CD-Player
Befindet sich in der Kirche kein Taufbrunnen, benötigen Sie zusätzlich:
blaue Tücher, Schale

Vorbereitung
- Die Osterkerze steht beim Taufbrunnen.
- Legen Sie die Stoffbahn/Tücher (braun) so, dass sie zum Taufbrunnen führt/führen.
- Stellen Sie den Krug mit Wasser bereit.
- Gibt es keinen Taufbrunnen, gestalten Sie einen Weg, in dessen Mitte das blaue Tuch gelegt und darauf die Schale und der Krug mit Wasser gestellt werden.
- Nutzen Sie zur Gestaltung die Möglichkeiten Ihrer Kirche.

Gottesdienstverlauf

Sammlung

Die Jugendlichen sitzen in der Nähe des Taufbrunnens.

Lied   Wo zwei oder drei in meinem Namen versammelt sind (EH 87)

Während des Liedes wird die Osterkerze entzündet.

Einführung

L Viele von euch sind als kleines Kind getauft worden.
Damals haben euch eure Eltern auf dem Weg zur Taufe getragen.
Diejenigen, die sich jetzt auf die Taufe vorbereiten,
gehen diesen Weg hierher selbst.
Immer liegt vor der Taufe ein Weg, ein Entschluss,
die Einladung zu einem neuen Leben anzunehmen, –
die Einladung, dass der Glaube in eurem Leben Hand und Fuß bekommt.
Auf diesen Weg hat euch Gott selbst gerufen:
Gott wendet sich jedem und jeder persönlich zu.
Gott sieht dich an.
Euren Weg geht ihr mit denen,
die vor euch und die nach euch getauft wurden.
Euer Weg verbindet euch mit vielen Menschen.
Es ist kein einsamer Weg.
Ihr geht ihn in der Gemeinschaft
mit vielen anderen Christinnen und Christen in der weltweiten Kirche.
Heute erinnern wir uns an unsere Taufe.

(Wenn Taufbewerber/innen da sind:)

NN und NN, die sich auf die Taufe vorbereiten,
bekunden heute uns allen, dass sie getauft werden wollen.

Lied   Te deum laudamus (EH 105)

Verkündigung: Jesaja 43,1–3.5a und Jesaja 41,10

L Jetzt aber sagt der Herr, der dich ins Leben gerufen hat,
Volk Israel, du Nachkommenschaft Jakobs:
Fürchte dich nicht, ich befreie dich!
Ich habe dich bei deinem Namen gerufen, du gehörst mir!
Musst du durchs Wasser gehen, so bin ich bei dir,
auch in reißenden Strömen wirst du nicht ertrinken.
Musst du durchs Feuer gehen, so bleibst du unversehrt;
keine Flamme wird dir etwas anhaben können.
Denn ich bin der Herr, dein Gott;
ich, der heilige Gott Israels, bin dein Retter.
Fürchte dich nicht, denn ich bin bei dir!

Fürchte dich nicht, ich stehe dir bei!
Hab keine Angst, ich bin dein Gott!
Ich mache dich stark, ich helfe dir,
ich schütze dich mit meiner siegreichen Hand!

Meditation

Spielen Sie meditative Musik ein.
Wiederholen Sie nach einer Weile folgenden Vers der Lesung langsam und mit kurzen Pausen nach dem Gedankenstrich (–):

L Fürchte dich nicht, ich stehe dir bei! –
Hab keine Angst, ich bin dein Gott! –
Ich mache dich stark, ich helfe dir, –
ich schütze dich mit meiner siegreichen Hand! –

Die Musik wird noch eine Weile gehört und dann langsam ausgeblendet.

Tauferinnerung und Wort an die Firmjugendlichen

P Wir sind eingeladen, als Zeichen unserer Erinnerung an die Taufe,
mit der Hand in den Taufbrunnen/die Schale einzutauchen
und das Kreuzzeichen zu machen.

P gießt Wasser in den Taufbrunnen/die Schale und segnet das Wasser:

P Gott, segne dieses Wasser.
Es erinnert uns an unsere Taufe
und an den Weg als Christinnen und Christen, den du mit uns gehst.
Amen.

Die getauften Jugendlichen und die Katechet/innen gehen nun nacheinander oder zu zweit zum Taufbrunnen ...
P beginnt.
Währenddessen:

Lied Der mich atmen lässt, bist du, lebendiger Gott (Kopiervorlage S. 92)

P Liebe Jugendliche,
mit der Erinnerung an die Taufe richtet ihr euren Blick zugleich nach vorn.
In der Firmung wird entfaltet, was in der Taufe begonnen hat.
Durch die Kraft des Heiligen Geistes werdet ihr gestärkt für euren weiteren Lebensweg.
Ich frage euch:
Sei ihr bereit, das Sakrament der Firmung zu empfangen und aus dem Geist des Evangeliums zu leben?
Wenn ihr dazu entschlossen seid, so antwortet: Ich bin bereit.

Firmjugendliche Ich bin bereit.

P Geht voll Freude dem Tag der Feier der Firmung entgegen.
Gott stärke euren Glauben.

(Zulassung zu den Sakramenten des Christwerdens)

P bittet die Taufbewerber/innen mit ihren Pat/innen vorzutreten.
P fragt jede/n Einzelne/n:

P   N, Gott hat dich auf den Weg des Glaubens geführt.
    In der Firmgruppe hast du erfahren,
    wie Gott dich stärkt und wie du aus dem Glauben leben kannst.
    Ich frage dich:
    Bist du bereit, die Sakramente Taufe, Firmung und Eucharistie zu empfangen
    und als Glied der Kirche aus dem christlichen Glauben zu leben?
    Wenn du dazu entschlossen bist, dann antworte: Ich bin bereit.

Taufbewerber/in   Ich bin bereit.

P   Im Namen der Kirche nehme ich dich hiermit als Bewerber/in für die
    Sakramente der Taufe, der Firmung und der Eucharistie an.
    Geh nun voll Freude dem Tag der Feier der Sakramente entgegen.

P legt den Taufbewerber/innen die Hände auf und spricht ein Segenswort, z. B.:

    Gott stärke deinen Glauben.

Lied   Du bist da, wo Menschen leben (EH 74)
       alternativ: Du zeigst mir den Pfad zum Leben (EH 80)

Fürbitte: Geh mit uns auf unserm Weg

L   Auf die Fußspuren aus unseren Gruppentreffen habt ihr geschrieben,
    wie ihr euch Christsein im Alltag vorstellt,
    wie euer Glaube Hand und Fuß bekommen kann.
    Wir legen nun die Fußspuren auf den Weg
    und bitten Gott dabei, dass er unseren Weg mitgeht.

Lied   Geh mit uns auf unserm Weg (EH 62)

Während des Singens werden die Fußspuren gelegt.

Segen

P und Katechet/innen im Wechsel:

    Der Herr sei vor dir ... (JB S. 125)

Liturgie 6

Ihr seid das Salz der Erde

Stärkungsritual:
Entschieden den Weg des Glaubens gehen

Ein Stärkungsritus auf dem Vorbereitungsweg zur Feier der Firmung und der Sakramente des Christwerdens war für die Firmjugendlichen und die Taufbewerber/innen die Salbung mit Öl (vgl. S. 90–92). Dieses zweite Stärkungsritual hat seinen Ort in zeitlicher Nähe zur Firmung und nach Treffen 9 (»Vergebung der Sünden – Ich tue, was ich nicht will«). Es hat verschiedene Aspekte, die den Stärkungsriten des Erwachsenenkatechumenats entlehnt sind:

- Es will Stärkung auf dem Weg des Glaubens und für den Weg als Christ/innen sein.
- Es will die mit dem Glaubensweg verbundene Abkehr vom Bösen und die Neuorientierung am christlichen Glauben verdeutlichen (vgl. Treffen 9).
- Es will helfen, in der Gesinnung Jesu Christi zu wachsen, der alle Blindheit des Herzens löst und dazu auffordert, Salz der Erde und Licht der Welt zu sein.
- Es führt hin zur Taufe, in der die Neuschöpfung des Menschen und Befreiung von der Macht des Bösen gefeiert werden. Die Taufe ist d a s Sakrament der Versöhnung und der Vergebung.

Dieses Ritual ist für die Firmjugendlichen insbesondere mit dem Gedanken der Versöhnung verbunden, die ihnen in der Taufe geschenkt wurde. Sie vergewissern sich neu der Vergebung Gottes; sie machen sich bewusst, inwieweit sie im Widerspruch zu einem Leben aus dem Geist Jesu Christi stehen, und bitten Gott um seinen Beistand, wenn sie sich davon abwenden. Für die Taufbewerber/innen ist diese Feier die entschiedene Zusage Gottes, sie in der Taufe von der Macht des Bösen zu befreien und zu neuem Leben zu berufen.

»Entschieden den Weg des Glaubens gehen« thematisiert damit zum einen »Umkehr und Versöhnung« (Gebet um Befreiung), zum anderen die Zusage und den Auftrag, »Salz der Erde« zu sein (Symbolhandlung: Salz schmecken).

Die Feier wird hier als gemeinsame Feier aller Jugendlichen formuliert. In der Regel sollte der Pfarrer (P) dieser Feier vorstehen.

Hinweis:
In vielen Gemeinden ist eine Versöhnungsfeier (Bußgottesdienst oder Beichte) vor der Firmfeier vorgesehen. Das hier vorgeschlagene Stärkungsritual ist hierzu eine gute Ergänzung. Es schließt die Taufbewerber/innen nicht aus, die in der Taufe das Sakrament der Vergebung und Versöhnung empfangen.

Dieses Stärkungsritual kann auch zur Versöhnungsfeier im traditionellen Sinn (Bußgottesdienst, sakramentale Feier der Versöhnung) hinführen. – Einen Vorschlag zur Versöhnungsfeier finden Sie in HR S. 372–374/ JB S. 106–113: *»Ich darf mich meines Lebens freun und andern Grund zur Freude sein.*

Benötigt werden:
Bibel, Jugendbuch, meditative Musik, CD-Player, Altarkerzen, Streichhölzer, Tuch, große Schale mit Salz, kleine Schälchen, kleine Säckchen mit Salz in Anzahl der Jugendlichen, aus Treffen 9 für das Sprachpuzzle:

- Die heutigen Versucher-Aussagen
  »Haste was, dann biste was.«
  »Ich darf alles, was ich kann.«
  »Ich verkaufe dir meine Seele, Hauptsache, du lässt mich nicht hängen.«

- Die Versucher-Aussagen
  »Wenn du der Sohn Gottes bist, so befiehl, dass aus diesen Steinen Brot wird.«
  »Wenn du der Sohn Gottes bist, so stürz dich hinab.«
  »Das alles will ich dir geben, wenn du dich vor mir niederwirfst und mich anbetest.«

- Die Schriftzitate Jesu
  »Der Mensch lebt nicht vom Brot allein, sondern von jedem Wort, das aus dem Mund Gottes kommt.«
  »Du sollst den Herrn, deinen Gott, nicht auf die Probe stellen.«
  »Vor dem Herrn, deinem Gott, sollst du dich niederwerfen und ihm allein dienen.«

Proben Sie dieses Sprachpuzzle:
Mehrere Sprecher/innen (Katechet/innen und Jugendliche) sprechen aus verschiedenen Ecken und Orten des Kirchenraumes mehrmals laut und durcheinander die verschiedenen Sätze. Am Ende ist deutlich heraushörbar: »Du lebst von jedem Wort aus dem Mund Gottes. – Gott allein sollst du dienen.«

Hinweis zur Symbolhandlung:
Mehrere Katechet/innen und/oder junge Erwachsene, Kirchengemeinderäte usw. vollziehen den Salz-Ritus.

Gottesdienstverlauf

Sammlung

Alle sitzen im Kreis/in den Bänken. Auf/vor dem Altar stehen auf einem Tuch die Schale mit Salz und die Kerzen.

L/P Im Namen des Vaters und des Sohnes und des Heiligen Geistes.

Alle Amen.

Die Altarkerzen werden von Jugendlichen entzündet. Dabei:

Lied Te deum laudamus (EH 105)

Einführung durch Katechet/in

> Die Zeit der (Tauf- und) Firmvorbereitung schreitet voran.
> Am xx (Tag nennen) feiern wir (Taufe und) Firmung.
> Im vergangenen Gruppentreffen haben wir erlebt,
> dass wir gute Erfahrungen mit dem Christsein machen.
> Wir haben auch gespürt, dass es uns oft nicht leicht fällt,
> konsequent zu sein und den vielen Versuchungen des Alltags zu widerstehen;

nicht das Gute zu tun, das wir tun wollen,
sondern so zu handeln, wie wir es eigentlich nicht wollen;
uns und anderen zu schaden.
In dieser Feier stärkt uns Gott mit seiner Kraft.
Er macht uns sehend, wenn wir wie blind durch den Tag gehen.
Er lädt uns ein umzukehren, wo es nötig ist,
und uns neu auszurichten an der Botschaft Jesu Christi.

Gebet und Lied

J   Gott,
wir wollen glücklich sein.
Wir sehnen uns danach, dass unser Leben gelingt.
Wir haben erkannt, dass dein Wort und die Lebensart Jesu unser Maßstab sind
und dein belebender Geist uns stärkt.
Gleichzeitig denken und handeln wir immer wieder anders,
lassen uns verführen zu dem, was wir eigentlich nicht wollen.
Wir stoßen an Grenzen und fühlen uns ohnmächtig.
Wir sind ängstlich und suchen Vertrauen und Geborgenheit.
Gott, wandle uns, erbarme dich.
Hilf uns, entschieden den Weg des Glaubens zu gehen.

Alle   Amen.

Lied   Meine engen Grenzen (EH 147)

Meditation

Musik wird eingespielt. Sie wird plötzlich ausgeblendet, die Stimmen des Sprachpuzzles (s. o.) treten in Aktion.
Anschließend Schweigen.

Lied   Meine engen Grenzen (EH 147, Str. 1 und 4)

Verkündigung: Salz der Erde (Matthäus 5,13)

L   Die Jüngerinnen und Jünger Jesu teilen unsere Erfahrung:
Manchmal ist der Blick verengt, Ohnmacht, Ängstlichkeit, Sorgen engen ein.
Jesus lässt sie nicht allein in dieser Situation.
Vermutlich würden wir nun erwarten, dass Jesus sie tröstet: Lasst den Kopf nicht hängen!
Stattdessen fordert er sie heraus, sich bewusst zu machen, wozu sie berufen sind:

Matthäus 5,13 wird aus der Bibel vorgetragen:

L   »Ihr seid das Salz der Erde.
Wenn das Salz seinen Geschmack verliert,
womit kann man es wieder salzig machen?
Es taugt zu nichts mehr; es wird weggeworfen und von den Leuten zertreten.«

Lied   Ihr seid das Salz der Erde (EH 136)
Wird das Lied nicht gesungen, dann werden die Strophen von verschiedenen Jugendlichen, wird der Kehrvers von allen gemeinsam gesprochen.

Gebet um Befreiung

L/P   Gott, du bist uns Vater und Mutter.
Deinen Sohn hast du gesandt als Erlöser.
Schaue auf unsere Jugendlichen, die sich auf die Feier der Firmung vorbereiten.
Sie haben die Botschaft des Evangeliums gehört.
Befreie sie von Angst und Kleinmut.
Befreie sie von der Macht des Bösen.

(Führe NN und NN,
die sich auf die Feier von Taufe, Firmung und Eucharistie vorbereiten.
Sie wollen den Weg des Glaubens gehen.
Befreie sie von Zweifel und Mutlosigkeit.
Befreie sie von der Macht des Bösen.)

Stärke alle Jugendlichen
Salz der Erde zu sein,
das Leben zu schmecken und ihm die richtige Würze zu geben.
Darum bitten wir durch Jesus Christus,
unseren Herrn und Bruder.

Alle   Amen.

Lied   Ich lobe meinen Gott (EH 16)

Symbolhandlung: Salz schmecken

Die Jugendlichen stehen im Kreis/mehreren Kreisen.
L/P füllt die kleinen Schälchen mit Salz und reicht sie den Katechet/innen.
L/P und die Katechet/innen vollziehen an jedem/r einzelnen Jugendlichen die Symbolhandlung.
Meditative Musik kann leise eingespielt werden.

Sie streuen Salz in die Handfläche der linken Hand. Dann sprechen Sie:

Jesus Christus spricht:
Ihr seid das Salz der Erde.
Empfange das Salz der Weisheit.
Finde Geschmack am Leben.
Gib deinem Leben eine gute Würze.
Jesus Christus sei die Kraft deines Lebens.
Er stärke deinen Glauben.

Anschließend schmeckt der/die Jugendliche das Salz.

Segen

Alle stehen im großen Kreis.

Lied   Meine Hoffnung und meine Freude (EH 273)

Die rechte Hand wird auf den Rücken des rechten Nachbarn/der rechten Nachbarin gelegt.

L/P   Der Geist der Weisheit und der Einsicht,
        der Geist des Rates und der Stärke,
        der Geist der Erkenntnis und der Gottesfurcht,
        der Geist der Frömmigkeit sei mit uns.

Alle   Amen.

Lied   Meine Hoffnung und meine Freude (EH 273)

Die Jugendlichen erhalten ein kleines Säckchen mit Salz, das sie daran erinnert, welche Würde und welchen Auftrag – Salz der Erde zu sein – sie haben.

Liturgie 7

Du sollst ein Segen sein

Segensfeier

Segnen heißt anderen Gutes zu wünschen – bedingungslos und uneingeschränkt. Wer gesegnet ist, kann seinen Lebensweg mit Vertrauen gehen und hoffnungsvoll in die Zukunft blicken. Wer gesegnet ist, wird selbst ein Segen für andere sein. Gesegnete Menschen pflegen Gemeinschaft mit anderen, zeigen ihnen Wohlwollen, sind miteinander unterwegs. Anderen den Segen zu verweigern bedeutet, nichts mit ihnen zu tun haben zu wollen. In der Erzählung der Segenszusage an Abraham wird für diesen Zusammenhang das Bild von Segen und Fluch verwendet (Gen 12). Abraham wird zum Mittler des Segens erwählt.

In der Segensfeier am Ende des Firmweges erfahren die Jugendlichen Segen und segnen einander als Stärkung für ihren weiteren Weg.

Benötigt werden:
Kerze, Streichhölzer, Bibel, Psalm 121 (Kopiervorlage S. 104)

Gottesdienstverlauf

Sammlung

Lied   Der Himmel geht über allen auf (EH 113)

Einführung

L   Vielleicht kennt ihr die Redensart:
»Dazu hast du meinen Segen!«
Sie bedeutet, dass man die Pläne des anderen gutheißt und sie unterstützt.
Es bedeutet einem Plan zuzustimmen,
jemandem Gutes zu wünschen.
Euer Firmweg ist an einem Ziel angekommen.
Jetzt folgt eine nächste Etappe.
Bei der Feier der Firmung habt ihr Segen erfahren.
Einander heute und hier zu segnen
ist Zeichen, dass wir uns Gutes wünschen
in Freude und Glück,
in hoffnungslosen und schweren Zeiten
– in Gottes Namen.

Lied   Wechselnde Pfade, Schatten und Licht (EH 109)

Verkündigung: Genesis 12,1–5

Gen 12, 1–5 wird aus der Bibel vorgetragen.

Lied Von allen Seiten umgibst du mich (EH 118)

Gebet: Psalm 121

L Der Beter von Psalm 121 drückt aus,
   wie er sich den Segen Gottes für sein Leben vorstellt.
   Der Beter von Psalm 121 fragt auf seine Art nach dem Segen Gottes,
   nach Gott selbst, auf den er vertraut und auf den er sich verlassen möchte.

L Wir beten im Wechsel:
   (vgl. Kopiervorlage S. 104)

Segen

L Segnen heißt, jemandem Gutes zu sagen.
   Überlegt einen Augenblick,
   was ihr eurer rechten Nachbarin oder eurem rechten Nachbarn Gutes sagen möchtet,
   welches Segenswort ihr ihm oder ihr zusagen wollt.

Kurze Stille zum Überlegen.
Die Jugendlichen stehen im Kreis.
L beginnt und legt die rechte Hand auf die linke Schulter ihrer Nachbarin/ihres Nachbarn.
Dann spricht L ein Segenswort, z. B.

   Gott mache dich stark.
   Gott segne und behüte dich.

... und lässt danach die Hand auf der Schulter ihrer Nachbarin/ihres Nachbarn liegen.
Diese/r segnet in gleicher Weise mit einem persönlichen Segenswort die/den Nächste/n.
So schließt sich nach und nach der Segenskreis.
Alle bleiben so stehen und singen:

Lied Bewahre uns Gott (EH 110)

Psalm 121

Meine Zuversicht

1 Ich suche Gott auf den Bergen – wird er mir
dort entgegenkommen?
Woher kommt mir Hilfe?

2 Meine Hilfe kommt von ihm,
der nicht nur auf den Bergen wohnt,
mein Gott hat alle Himmel und Welten geschaffen,
und wenn ich ihn bitte, so ist er anwesend und hilft.

1 Ich suche Gott in der Natur – wird er mir
dort begegnen?
Woher kommt mir Hilfe?

2 Meine Hilfe kommt von ihm,
der sich nicht nur um den Himmel sorgt,
mein Gott sieht auch meine Schritte hier auf Erden,
und wenn ich falle, so richtet er mich nicht.
Er richtet mich wieder auf.

1 Ich suche Gott im Himmel und auf Erden –
wo werde ich ihn finden?
Wer kann mir meinen Weg zeigen?

2 Meine Hilfe kommt von ihm,
der nicht schläft oder müde wird.
Mein Gott behütet mich Tag und Nacht,
und wenn ich zum Leben keine Kraft mehr habe,
spricht er mir neuen Mut zu.

Alle gemeinsam:
Meine Hilfe kommt von Gott,
den ich bitte, der mich tröstet,
der mein Leben behütet heute und in alle Zukunft.

Uwe Seidel

Kapitel E

Wenn der Glaube Hand und Fuß bekommt

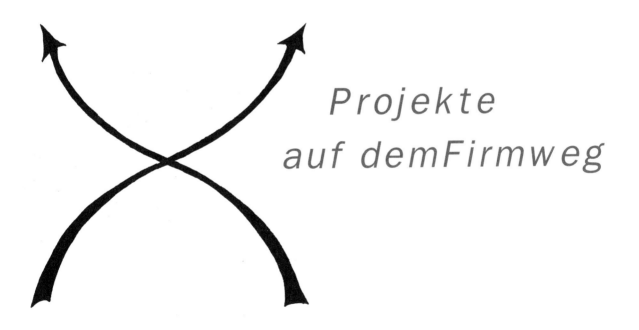

Projekte auf dem Firmweg

Projekte auf dem Firmweg

Projekte in der Firmvorbereitung ermöglichen besondere Akzente.

Projekte tragen dazu bei, dass die Verbindung von Glaube und Leben in unterschiedlichen Situationen erfahrbar wird und Jugendliche ermutigt werden sich selbst zu engagieren. So bekommt Glaube Hand und Fuß. Die Situation vor Ort findet dabei besondere Berücksichtigung.

Die Talente und Interessen der Jugendlichen sowie der Katechet/innen bereichern und sind gemeinschaftsfördernd, indem Verantwortung auf verschiedene Beteiligte übertragen ist.

In der Handreichung »Ich glaube« sind die Grundlagen zu Projektarbeit und Projektorientierung (HR III.2, S. 54–55) sowie Planungs- und Durchführungshilfen (HR III.6, S. 62–63) beschrieben.

Nachfolgend sind Projekte bzw. Bausteine der Handreichung »Ich glaube« zusammengestellt, die bei der Planung anregend sind.

	Baustein	Seite	Bausteintitel
Begegnungen mit Menschen unserer Gemeinde			
	E 4, B 2	S. 156	Besuch einer Tauffeier
	E 9, B 2	S. 268	Wie wir feiern können
	E 9, B 1	S. 265	Meine Erfahrungen mit dem Sonntagsgottesdienst
	E 12, B 2	S. 315	Als Reporter unterwegs
	E 12, B 5	S. 322	Wir machen unsere Kirche jung
			Gemeindepraktikum
Begegnungen von Jugendlichen und Eltern			
	Kapitel IV	S. 69	Wer hört auf welchem Ohr?
		S. 73	Gott auf meiner Seite
		S. 76	Firmung – das Sakrament mit Esprit
Begegnungen verschiedener Generationen			
	E 8, B 2	S. 249	Jugendliche und alte Menschen machen gemeinsam einen Friedhofsbesuch
	E 8, B 4	S. 254	Eine Osterkerze gestalten für Trauernde
Ökumenische Begegnungen			
Viele Themen und Fragen rund um das Credo müssen nicht notwendig konfessionsgebunden erschlossen werden			
	E 2, B 8	S. 123	Breite deine Schwingen aus und fliege
	E 5, B 4	S. 184	Mitarbeiter/innen Gottes – kreativ, voll Fantasie
	E 12, B 6	S. 325	Lebenszeichen – Todeszeichen (Fotoausstellung)
	E 13, B 5	S. 349	Menschen mit Profil
	E 13, B 6	S. 350	Möglichkeiten meines Christseins entdecken

	Baustein	Seite	Bausteintitel
Begegnungen mit anderen Kulturen und Religionen – Begegnungen der einen Welt			
	E 5, B 5	S. 189	Der 100. Name Gottes im Islam – Mein Name für Gott
	E 7, B 4	S. 234	Zerstörte Hoffnung: Juana
	E 7, B 5	S. 237	Die Hoffnungslosigkeit aufbrechen
	E 9, B 6	S. 276	Über den eigenen Kirchturm hinaus – Multireligiöser Jahreskalender
	E 13, B 4	S. 344	Es gibt keine Fremden, nur Menschen, denen ich noch nicht begegnet bin
Begegnungen mit der Bibel			
	E 6, B 2 E 6 insg.	S. 204	Auf den Spuren Jesu in der Bibel – Bibelparcours
	E 7, B 2 und B 3	S. 230	Die Passion Jesu – Kreuzweg Zwischen Karfreitag und Ostermorgen
Begabungen ins Spiel bringen			
	E 2, B 5	S. 117	Was ich einmal werden möchte
	E 6, B 6	S. 214	Mein Vaterunser – Gebetswerkstatt
	E 12, B 4	S. 320	Kirche ist wie ein Gewebe
	E 12, B 6	S. 325	Lebenszeichen – Todeszeichen (Fotoausstellung)
	JB		Lieder im Jugendbuch – Workshop Musik – Projektchor für den Firmgottesdienst
Den Glauben weitersagen			
(z. B. Ausstellung mit Werken, die in der Firmvorbereitung entstehen)			
	E 3, B 1	S. 135	Furchtlos ins Land meiner Träume
	E 4, B 2	S. 156	Besuch einer Tauffeier
	E 5, B 2	S. 179	Wo in der Natur seh ich Gottes Spur?
	E 5, B 4	S. 184	Mitarbeiter/innen Gottes – kreativ, voll Fantasie
	E 6, B 4	S. 210	Mein Jesus-Bild
	E 7, B 2 und B 3	S. 230	Die Passion Jesu – Kreuzweg Zwischen Karfreitag und Ostermorgen
	E 10, B 1	S. 281	Erde, Wasser, Luft und Feuer
	E 12, B 4	S. 320	Kirche ist wie ein Gewebe
	E 12, B 6	S. 325	Lebenszeichen – Todeszeichen
	E 13, B 5	S. 349	Menschen mit Profil
	E 13, B 6	S. 350	Möglichkeiten meines Christseins entdecken
	E 14, B 7	S. 375	Versöhnung – Balsam für die Seele
Weitere Anregungen			
	Medienhinweise		In jeder Einheit finden sich Medienhinweise zu den verschiedensten Themen, die in »Ich glaube« behandelt werden

Baustein	Seite	Bausteintitel
E 3, B 3	S. 139	Stürmische Zeiten – Von dunklen Mächten magisch angezogen – Astrologie
		Homepage zur Firmvorbereitung, evtl. auch ökumenisch: Firmung und Konfirmation
	AH S. 51	72-Stunden-Aktion

Hinweis:

Auch Gemeindemitglieder können sich für die Jugendlichen engagieren:

z. B. durch die Gestaltung von Segenstafeln, Spruchbändern bzw. eines Taufschals als Tauf-Firmgeschenk (vgl. HR S. 399, AH S. 61).

Quellenverzeichnis

S. 65: Das Logo »Katechumenat Christ werden« wurde von der Agentur Hüsch & Hüsch, Aachen, im Auftrag des Sekretariats der Deutschen Bischofskonferenz, Bonn, in Kooperation mit der Katholischen Glaubensinformation kgi, Frankfurt, entworfen.

S. 104: Uwe Seidel, Meine Zuversicht, in: Hanns Dieter Hüsch/Uwe Seidel, Ich stehe unter Gottes Schutz, Seite 32, ⁷2003, © tvd-Verlag Düsseldorf, 1996.

Das Geschenkbuch zur Firmung

»Ein rundum empfehlenswertes Geschenkbuch zu Firmung und darüber hinaus. Auch ›reiferen‹ Lesern ist dieser ›weite Himmel‹ zu wünschen.«
Reiner Jungnitsch

Tilmann Haberer
EINEN WEITEN HIMMEL WÜNSCH ICH DIR
Ein **Lock-Buch** ins Leben
Koproduktion mit dem Calwer Verlag
128 S. Mit zahlr. Fotos. Gb.
ISBN 3-466-36617-8

Für Sie persönlich

Religionsbischöfin Susanne Breit-Keßler
LUSTVOLL LEBEN
Ein Glaubensbuch für Höhen und Tiefen des Alltags
In Kooperation mit Chrismon
176 S. Gb. Mit Leseband
ISBN 3-466-36659-3

Christentum direkt:
eine Bischöfin zu den Höhen und Tiefen des Lebens

Jürgen Fliege
DER HIMMEL IST AUF DEINER SEITE
Ermutigungen für alle Lebenslagen
240 S. Mit zahlr. vierf. Fotos. Gb.
ISBN 3-466-36654-2

Lebenshilfe direkt:
Orientierung und Gelassenheit im Alltag.

Gabriele Miller
WAS IST DAS UNVERZICHTBAR-CHRISTLICHE?
Eine Verständigungshilfe
Mit Farbtafeln von Andreas Felger
80 S. Gb.
ISBN 3-466-36635-6

Hier kommt die Botschaft des Glaubens so zur Sprache, dass wir persönlich angesprochen sind: Grundlage für orientierende Gespräche.

Kompetent & lebendig.
SPIRITUALITÄT & RELIGION

Kösel-Verlag, München, e-mail: info@koesel.de
Besuchen Sie uns im Internet: www.koesel.de